LE

R. P. ALLAIRE

MISSIONNAIRE AU CONGO

D'APRÈS

SES ÉCRITS ET SA CORRESPONDANCE

LIBRAIRIE RELIGIEUSE H. OUDIN

PARIS, 10, rue de Mézières

et à POITIERS

LE R. P. ALLAIRE

MISSIONNAIRE AU CONGO

LE
R. P. ALLAIRE

MISSIONNAIRE AU CONGO

D'APRÈS

SES ÉCRITS ET SA CORRESPONDANCE

LIBRAIRIE RELIGIEUSE H. OUDIN

PARIS, 10, RUE DE MÉZIÈRES

ET A POITIERS

Nous avons cru bon et utile de conserver la mémoire d'un des missionnaires les plus courageux de notre époque qui en compte un si grand nombre. Le P. Allaire a passé sept années à l'Ecole Apostolique de Poitiers, et nous avons été à même de le connaître pendant ses trois dernières années, à l'époque où il choisit sa voie et se donna à Dieu dans la simplicité confiante d'un cœur généreux. Scolastique et Novice de la Congrégation des Pères du Saint-Esprit et du saint Cœur de Marie, puis Missionnaire au Congo et à l'Oubanghi, il a continué de nous tenir au courant de ses désirs et de ses entreprises.

Nous avons eu aussi entre les mains sa correspondance avec sa famille et plusieurs lettres de son Evêque et de ses confrères qui ont paru dans les Annales apostoliques des Pères du Saint-Esprit, dans les Annales de la Propagation de la foi ou en d'autres journaux.

Ces nombreux documents, que nous publions en partie, nous ont permis de donner pour titre à cette modeste brochure : Le Père Allaire d'après ses écrits et sa correspondance.

Nous l'offrons surtout à nos Bienfaiteurs et aux Bienfaiteurs des Missions. Ils y verront les fruits de leur charité et seront encouragés à continuer un concours généreux à ces apôtres qui s'en vont, au prix de bien des sacrifices, dans les contrées encore infidèles répandre la connaissance du vrai Dieu et la vraie civilisation.

Jos. GALINAND S. J.

Poitiers, rue Saint-Denis, 31.

LE R. P. ALLAIRE

MISSIONNAIRE AU CONGO

CHAPITRE PREMIER

L'ENFANCE.

Olivier-Louis-Marie Allaire naquit au Mans, le 5 novembre 1861, à l'ombre de la vieille cathédrale de Saint-Julien, le premier apôtre du Maine.

Des notes intimes écrites en 1880 nous font connaître ses premières années et les origines de sa vocation : « Mes parents sont Bretons, originaires de Dinan. Quelques jours après mon baptême, dès que ma mère put sortir, elle me porta à l'église, à l'autel de la Sainte Vierge, et lui adressa cette prière : Bonne Mère, je vous consacre mon premier enfant ; acceptez-le et faites-en un fidèle serviteur de votre Fils. C'est à cette offrande que j'ai toujours attribué ma vocation.

« Dès ma première enfance, j'avais mauvais caractère ; j'étais brusque, emporté, mais surtout j'avais la triste habitude de mentir chaque fois que ce moyen m'exemptait d'une correction.

« Vers l'âge de 7 ans, je tombai d'un premier étage, et

je me fis une blessure profonde au menton. Cet accident aurait dû m'être fatal, au dire du médecin ; mais, grâces à Marie que j'invoquai en tombant, je fus sauvé. »

De bonne heure Olivier fut envoyé à l'école des Frères qu'il fréquenta pendant sept ans. « Conduite irréprochable, amour de l'étude et piété soutenue, surtout pendant les deux dernières années. » Tel est le témoignage rendu par le Frère Directeur en 1874.

Les parents venaient en aide aux efforts des chers Frères, non seulement par les enseignements et les exemples du foyer domestique, mais encore en exerçant une vigilance très active sur les fréquentations et les jeux de leurs deux enfants. Il ne leur était pas permis de courir les rues. «Après la classe, nous devions rentrer à la maison, écrit Olivier. De temps en temps je m'oubliais et je restais à m'amuser avec quelques camarades : ce qui me valut des corrections très méritées ; mais, une fois les larmes séchées, je ne m'en souvenais plus. Quelle reconnaissance ne dois-je pas à mes parents pour ces soins et pour cette vigilance ! J'aurais pu devenir vicieux, comme beaucoup d'autres.

« J'avais 10 ans quand je fis ma première communion. Mon âme était bien préparée. Ce jour-là fut un jour de bonheur que je n'ai jamais oublié. Déjà la voix de Jésus se faisait entendre à mon cœur. Je voulais être prêtre. Je m'en ouvris à ma mère, qui en conçut une grande joie.

« Après ma première communion, je continuai d'aller à l'école. Un bon prêtre, M. Maillard, ayant connu mes désirs, s'offrit à me donner les premières leçons de latin. C'était une attention de la divine Providence. Chez lui je fis connaissance avec l'un de ses élèves. Nous fûmes bientôt bons amis. Il se préparait à entrer à l'École apostolique de Poitiers qu'il me fit connaître. Cette communication excita en moi des désirs. Mes parents, qui n'auraient pu subvenir aux frais de mon éducation dans un séminaire ou dans un collège ecclésiastique, furent assez chrétiens pour accepter la séparation et l'éloignement. Le bon prêtre qui me donnait des leçons étant parti en voyage, je fus présenté au P. Maurey, alors professeur à Notre-Dame de Sainte-Croix. Après m'avoir examiné, il s'occupa de mon admission. »

Olivier s'était naturellement attaché à ce camarade dont il partageait les aspirations. Après avoir étudié ensemble, ils vinrent ensemble à Poitiers ; mais après quelques mois, ce camarade fut, à cause de sa légèreté et de sa paresse, rendu à sa famille, comme s'il n'avait pas eu d'autre mission que d'introduire Olivier dans le milieu qui lui convenait. Plus tard, au souvenir de ces débuts, Olivier se sentait porté à une très grande reconnaissance envers la Sainte Vierge qui avait dirigé ses pas et l'avait préservé de toute influence mauvaise.

CHAPITRE II

L'ÉCOLE APOSTOLIQUE.

Quand Olivier arriva à Poitiers au mois de septembre 1874, l'Ecole apostolique était installée près de l'église du Jésus et renfermait une trentaine d'élèves, quelques-uns déjà âgés, anciens soldats ou anciens instituteurs, la plupart enfants de douze à dix-huit ans, tous aspirants à se consacrer au service de l'Eglise dans les missions ou dans la vie religieuse. Le P. Ernest Chambellan en était directeur.

A la rentrée, Olivier suivit au collège Saint-Joseph la classe de sixième, qui comptait quarante élèves. Une grande émulation régnait dans cette nombreuse jeunesse. Avec des aptitudes ordinaires, Olivier sut garder toute l'année un rang honorable dans la première moitié de la classe. On l'estimait comme un travailleur consciencieux et on ne lui reprochait que d'apporter à l'étude une trop grande contention qui lui causait parfois des maux de tête. Cependant il put terminer l'année scolaire sans être arrêté, et après deux mois de vacances, en octobre 1875 il entra en cinquième, bien reposé et tout à fait rétabli, croyait-il.

« Au commencement de décembre, écrit-il, les maux de tête revinrent plus violents et avec eux l'ennui et le découragement. J'apprenais avec peine et sans pouvoir retenir.

Tout m'était à dégoût, malgré les encouragements que mes camarades et mes maîtres ne cessaient de me donner. Je dus suspendre toute étude. Quand je songe à ces tristes jours où je souffrais tant, je me demande comment je suis resté à l'école. C'est pour moi un mystère, ou plutôt non : c'est Marie, ma bonne Mère, qui m'a gardé. »

Il y avait alors à la Résidence un bon vieux domestique, qui aidait les Frères dans leurs emplois ; menuisier de son état, il savait un peu de tous les métiers, et dans ses temps libres, cet homme industrieux mettait de l'ordre dans la maison, et faisait les petites réparations nécessaires. Il fut une providence pour notre malade.

« Dans l'espoir de me distraire et de me guérir, écrit-il, le P. Chambellan m'envoya à la menuiserie. Là je me trouvais à mon affaire. Ce n'était plus la vie sédentaire des études et des classes ; je pouvais prendre du mouvement, et je me plaisais à ce genre de travail. » Cet apprentissage ne devait pas être inutile au futur missionnaire.

Au printemps il alla passer une quinzaine de jours à la campagne, dans la maison hospitalière d'un bon curé, puis il se rendit au Mans près de ses parents qu'il édifia beaucoup. « Je versai bien des larmes, écrit-il, et j'avais le cœur déchiré quand je partis de Poitiers, bien résolu à y revenir le plus tôt que je pourrais. Au Mans on essaya de me retenir, en me représentant que les maux de tête m'empêcheraient de faire des études ; mais j'avais dans l'idée que je retournerais, et après quinze jours je retournai. Au moment des adieux, mon père me dit une parole qui me donna des forces : « Mon enfant, quand le bon Dieu appelle, il faut aller. Fais toujours ton devoir. » Je fus heureux de voir mon père comprendre ce que c'est qu'une vocation. »

Olivier allait mieux, sans être rétabli. Il n'était pas

prudent de lui faire reprendre encore les études. A sa grande joie, il retourna à la menuiserie.

Au commencement de juillet, des fêtes extraordinaires allaient être célébrées à Lourdes pour le couronnement de la statue miraculeuse. Mgr Pie, évêque de Poitiers, était l'un des orateurs annoncés. Des trains de pèlerinage s'organisèrent à Poitiers et à Niort, et des bienfaiteurs eurent la pensée d'y envoyer quelques Apostoliques malades, dans l'espérance que la Sainte Vierge leur accorderait la santé. Olivier fut l'un des trois élus.

La Vierge immaculée voulut donner à ses pèlerins un témoignage remarquable de sa protection. « Notre voyage s'était heureusement accompli, écrit le Directeur, lorsque le 2 juillet, vers deux heures de nuit, près de la station d'Igos dans les Landes, notre train fut fortement tamponné en tête par un express marchant à grande vitesse. Heureusement notre mécanicien l'avait vu venir de loin et avait pu considérablement amortir le choc en renversant la vapeur. Un de nos wagons de première classe fut cependant défoncé complètement, sans que les personnes qui s'y trouvaient eussent été gravement atteintes. Il n'y eut que quelques petites contusions sans gravité ; mais la locomotive était trop endommagée pour pouvoir continuer son service. On dut recourir au télégraphe pour en faire venir une de Mont-de-Marsan. Personne ne songea à se plaindre de ces deux heures d'arrêt forcé, en constatant le danger auquel nous venions d'échapper providentiellement. A quelques mètres du théâtre de l'accident, se trouvaient à la fois une forte rampe et un remblai très élevé qui n'eussent pas permis au mécanicien d'apercevoir l'express. Il est facile d'imaginer l'effrayante collision qui se serait produite et inutile de vous dire qu'après cela un

Te Deum fut chanté sur place et de tout cœur par les pèlerins. »

Nous n'avons pas besoin de raconter les impressions de grâce ressenties par notre pieux enfant dans cette atmosphère de prière, en présence de ces grandes manifestations de foi et de piété. Ce fut l'un des bons jours de sa vie.

Les émotions ne devaient pas manquer dans ce voyage. Au retour, l'un des trois Apostoliques est sur le point de rester en route. C'était vers la fin de la nuit ; il était descendu et se trouvait à quelque distance du train lorsque tout à coup la machine siffle et part. Le petit bonhomme, voyant le train en marche, fut tout ému, comme bien on le pense ; mais, sans perdre courage, il jette un cri vers le ciel. « J'invoque Marie en peu de mots, racontait-il ensuite, et je courus de toutes mes forces pour le rattraper ; je parvins à me cramponner à une portière où on me fit entrer dans le wagon, en me tirant par les épaules. Une fois là, je m'évanouis. » Mais ce ne fut rien, et le pauvre enfant fut tout heureux d'avoir été entendu par sa Mère.

Là ne devait pas se borner la protection de Marie. Ces deux enfants, partis avec des névralgies qui depuis plusieurs mois les empêchaient de continuer leurs études, revinrent guéris, et Olivier l'écrivait en termes naïfs, quelque temps après le retour du pèlerinage, en parlant d'un sommeil prolongé qui avait suivi ce jour de fatigue :

« Après avoir dormi pendant deux jours de suite, nous avons repris le cours de nos études ; car nos têtes, qui étaient cassées, avaient été raccommodées par la Sainte Vierge à Lourdes, et depuis ce temps nous suivons le régime commun, et nos maux de tête ont disparu complètement. »

A la rentrée des classes (en octobre 1876), Olivier dut recommencer la cinquième. A la distribution des prix qui suivit, il obtint sept prix ou accessits, et il en fut de même les années suivantes.

. Sa conduite irréprochable lui ouvrit l'entrée de la Congrégation de la Sainte Vierge. Plus tard même, il fut du petit nombre admis alors à porter tous les jours la soutane. Enfin, dans les dernières années, il fut chargé d'apporter son concours à l'ordre et à la régularité de l'École en aidant le premier surveillant, et au besoin en le remplaçant, quand il était obligé de s'absenter. Nous devons le dire, plusieurs de ses condisciples plus jeunes ou moins réguliers le trouvaient austère et un peu raide dans sa manière d'avertir. Il suivait la ligne droite, ne laissant passer aucun manquement, impitoyable pour les délinquants et demandant aux autres sans ménagement tout ce qu'il pratiquait lui-même.

Une occasion de se dévouer s'offrit bientôt, quand le Père directeur eut procuré à l'École une campagne depuis longtemps désirée. Dans la maison nouvelle tout manquait. Il fallait un mobilier, si modeste qu'il fût. Un atelier de menuiserie fut organisé avec les outils indispensables. Les bois nécessaires furent achetés. Avec l'aide d'un condisciple adroit, Olivier se mit au travail pendant les vacances, et peu à peu on vit sortir de ses mains des tables et des bancs pour le réfectoire et la cuisine, et plus tard pour l'étude et la chapelle. Il fut alors possible, au grand avantage des santés, de venir dîner à la campagne les jours de congé durant l'année.

Du reste, notre jeune homme prenait de plus en plus goût à ce travail manuel et ne manquait aucune occasion d'acquérir de nouvelles connaissances en toute espèce de métier. Un ouvrier était-il appelé : Olivier était là, suivant des yeux, demandant des explications, mettant la main à l'œuvre. Avec le temps il obtint d'avoir à sa disposition les outils pour faire les travaux de maçonnerie et pour souder, puis un diamant pour tailler le verre, une petite enclume, même un tour.

Quels services ne rendit-il pas au mois de juin 1880, lorsque l'Ecole apostolique, menacée par les fameux décrets, dut quitter son domicile et se réfugier à la campagne !

En ces jours, Olivier fut d'une grande ressource. Il démonta lui-même avec soin les armoires et bibliothèques, veilla à leur transport et les remit en place. Plus tard l'Ecole fut installée dans des maisons de location dont il fallait tirer le meilleur parti qu'on pouvait. Olivier sut utiliser les vieux matériaux ; il organisa même un petit autel qui fut placé dans une chambre étroite devenue le bien pauvre oratoire de l'Ecole en ces jours de persécution. C'est ainsi qu'il commença de bonne heure l'apprentissage de la vie apostolique... Mais nous sommes en avance. Reprenons l'ordre des faits.

CHAPITRE III

LA VOCATION.

« En allant à Poitiers, écrit Olivier, je voulais devenir
missionnaire, sans avoir dans ma pensée rien de précis ni
de bien déterminé. Je n'avais pas l'intention de me faire
Religieux, encore moins d'entrer dans la Compagnie de
Jésus. Le peu de fois que j'en avais entendu parler dans
le monde, je n'en avais entendu dire que du mal. Une
fois à l'Ecole, mes désirs d'apostolat ne firent qu'augmenter et même, sans m'en rendre bien compte d'abord, dans
les dernières années, je sentis mon cœur se tourner vers
la Compagnie de Jésus que j'avais appris à connaître et à
estimer. » La voix de Dieu allait se faire entendre.

Le 4 décembre 1878, grand fut l'étonnement des élèves
de l'Ecole, quand, à l'heure de la messe, ils virent monter à
l'autel un prêtre vénérable que personne ne connaissait.
C'était le P. Depelchin, Jésuite belge. Missionnaire dans
les Indes anglaises pendant 18 ans, il avait été forcé, par
la maladie, de revenir en Europe. A peine arrivé en Italie,
il se trouva mieux et fut chargé par le Souverain Pontife
d'établir une nouvelle Mission en Afrique, au sud du
Zambèze. Les récits des explorateurs Livingstone et Stanley avaient attiré l'attention sur le continent noir. Le Père
Depelchin venait de parcourir la Belgique, en quête
d'hommes et de ressources. Il se disposait à reprendre la

mer quand il s'arrêta à Poitiers, sans être attendu, le soir de la fête de saint François Xavier, après le coucher des élèves. Il devait repartir le lendemain, une heure après sa messe.

La figure énergique du missionnaire et ses paroles ardentes produisirent une vive impression sur son jeune auditoire. Deux des élèves les plus sérieux allèrent, l'année suivante, en Belgique, se préparer à l'apostolat des noirs.

« Pour moi, écrit Olivier, je fus vivement touché du triste sort des esclaves nègres ; mais ce fut tout. Je ne pensais pas être appelé aux missions de l'Afrique. Ce ne fut que six semaines plus tard que, faisant ma prière à la chapelle (je me rappelle très distinctement ces circonstances), je sentis subitement en moi-même quelque chose qui me disait d'aller secourir les pauvres noirs. En même temps cette pensée me remplit d'une joie et d'une paix intérieures que je ne puis définir. Depuis lors, ce désir ne m'a plus quitté : il me possède tout entier. Lorsque je suis dans la peine et que je trouve des difficultés dans l'accomplissement de mon devoir, je pense à cette belle et rude mission. Alors mon cœur se sent plus fort, et mon courage se ranime par la pensée que je travaille pour Dieu d'abord, et, s'il m'en accorde la grâce, pour les pauvres Africains que je convertirai. Pourtant je n'ose encore me livrer entièrement à une telle espérance ; je prie beaucoup, et avant de me croire appelé, j'attendrai que vous m'ayez dit : C'est là que le bon Dieu vous veut. »

Les lumières reçues au pied de l'autel produisirent bientôt un attrait sérieux, exclusif pour les Missions de l'Afrique. La question de la santé le préoccupa quelque temps. « Le démon, écrit-il, me souffle cette pensée que je ne pourrai pas suivre ma vocation, à cause de ma santé, et de mon peu de capacité. Vous m'avez conseillé de mépriser ces craintes, de prier beaucoup et de me tenir prêt à faire ce que le bon Dieu demandait. J'ai suivi vos conseils et j'ai retrouvé la paix. Ces pensées de défiance ne me tracassent plus. Je me dis que le bon Dieu saura bien me faire arriver là où il veut que je sois... Et pour que vous connaissiez mieux mes dispositions, je vous dirai que je me sens plus que jamais porté à l'aimer et à lui prouver mon amour par des sacrifices. »

Dieu bénit les dispositions d'une âme si droite et si généreuse. Après avoir prié et réfléchi, Olivier demanda à entrer dans la Congrégation du Saint-Esprit et du Saint-Cœur-de-Marie qui évangélise une grande partie de l'Afrique. Il la connaissait déjà par les lettres de plusieurs Apostoliques entrés dans cette Congrégation et par les entretiens du R. P. Horner, de cette même Congrégation, missionnaire à Zanzibar, qui était venu à l'Ecole Apostolique les années précédentes. Ses désirs furent exaucés. Au mois de septembre 1881, il faisait ses adieux à ses condisciples de Poitiers; et après avoir passé quelques semaines dans sa famille, il entrait au Scolasticat des Pères du Saint-Esprit.

CHAPITRE IV

« Enfin me voici à Chevilly, écrivait Olivier à la fin de septembre à ses camarades de Poitiers. J'y ai reçu un accueil charitable qui m'a beaucoup touché. Nous sommes environ 130 au grand scolasticat, dont 45 pour la philosophie. Bien qu'aux portes de la capitale, nous vivons dans une véritable solitude, loin des bruits du monde : ce qui est favorable aux études et à la piété. Je m'y sens déjà heureux. C'est bien ici que le bon Dieu me voulait. »

Quelques mois après, il écrivait encore : « Je commence à connaître plus intimement la Congrégation, son but et ses œuvres, et je remercie le bon Dieu de m'y avoir conduit. Ce que je cherchais, je l'ai trouvé. Ici sans doute on a encore des faiblesses pour la pauvre nature, et la vie n'est pas une vie d'austérités ;... mais, je l'espère, dans quelques années nous lui donnerons du fil à retordre à cette pauvre nature, surtout si le bon Dieu nous envoie dans quelque coin du continent noir. Ce qui me cause une grande joie, c'est de voir que la Congrégation fait profession de soulager les âmes les plus abandonnées, et d'une manière particulière la race noire. Si vous entendiez les récits des Pères missionnaires d'Afrique qui viennent à Chevilly refaire leur santé, avant de retourner à leur

poste, que de bien à faire ! Mais les ouvriers manquent.
Venez donc, vous serez reçus à bras ouverts. Venez, vous
surtout qui ambitionnez les privations et les peines : il y
en a dans toutes les missions, mais elles abondent en
Afrique... Nous sommes déjà ici quatre anciens de Poitiers ;
mais quelle joie quand j'apprendrai qu'un nouveau vient
se joindre à nous ! N'oubliez pas les pauvres noirs. »

La vocation du jeune postulant ne fit que s'affermir, à
mesure qu'il connut la famille religieuse et apostolique
vers laquelle le bon Dieu l'avait conduit ; et sur sa demande
il fut admis le 1ᵉʳ mars 1882 à y faire sa première consécration au Seigneur, à titre de scolastique. « Depuis mon
arrivée ici, écrivait-il, en sollicitant cette faveur, je
remercie Dieu de m'avoir fait connaître la Congrégation et
je n'ai plus qu'un vœu à faire, c'est de m'attacher pour
toujours à elle. J'aime son esprit et ses œuvres : c'est donc
avec un grand désir d'être exaucé que je viens demander
cette grande grâce ; et si vous avez la bonté de me l'accorder,
je vous prie, mon Révérend Père, de me regarder désormais comme un instrument docile ou plutôt comme
un bloc de cire, qui prend indistinctement toutes les formes
qu'on veut lui donner. »

Cependant sa santé se trouvant un peu fatiguée à
Chevilly, notre jeune scolastique fut envoyé à Braga, en
Portugal, au mois de février 1883. « Je vous le dirai tout
bas, écrit-il à Poitiers : il me semble que je me rapproche
de l'Afrique, surtout des pauvres noirs du Congo que le
Portugal regarde toujours comme une partie de son
empire colonial. Chère Afrique ! sans la connaître, je ne
puis m'empêcher de soupirer après elle ! Vivent les
noirs !

« Le 10 et le 11 mars, j'ai reçu la tonsure et les quatre
ordres mineurs. Je suis maintenant *de foro Ecclesiæ*, et

dans ma pensée, c'est pour toujours. Le P. Colomb, l'un de mes condisciples de Poitiers, a été ordonné diacre et tourne lui aussi ses regards vers l'Afrique.

« Tout en continuant l'étude du dogme et de la morale, j'apprends le portugais qui pourra m'être utile plus tard. »

A la fin de sa théologie, il fut rappelé à Chevilly pour y faire une année de noviciat et se préparer au sacerdoce. « C'est une grande nouvelle que je veux vous communiquer aujourd'hui, écrivait-il à Poitiers ; me voici appelé à recevoir le 19 décembre le sublime sacerdoce de Notre-Seigneur Jésus-Christ. Quand j'y pense, je me demande si je ne suis pas le jouet d'une illusion ! Que vous dire à l'approche de ce grand jour, sinon d'avoir pitié de moi, en priant et en faisant prier pour votre enfant, afin qu'il devienne un prêtre selon le cœur de Dieu ! Demandez aussi à Notre-Seigneur de mettre le comble à ses faveurs en m'accordant à la fin de l'année les missions de l'Afrique. Mes attraits sont toujours les mêmes : je vis dans l'espérance. »

Les désirs du nouveau prêtre, que nous appellerons désormais Père Allaire, ne devaient pas tarder à se réaliser. Son noviciat terminé, il faisait le 29 août 1886 sa profession religieuse et recevait sa destination pour l'Afrique. Ce qu'il s'empressait d'annoncer à ses amis : « Je dois m'embarquer le 20 novembre à Anvers avec Monseigneur Carrie, vicaire apostolique du Congo français, et quatre Pères de notre Congrégation. Le rêve de toute ma vie va donc s'accomplir. Vous comprenez mon bonheur et ma reconnaissance. A bientôt. »

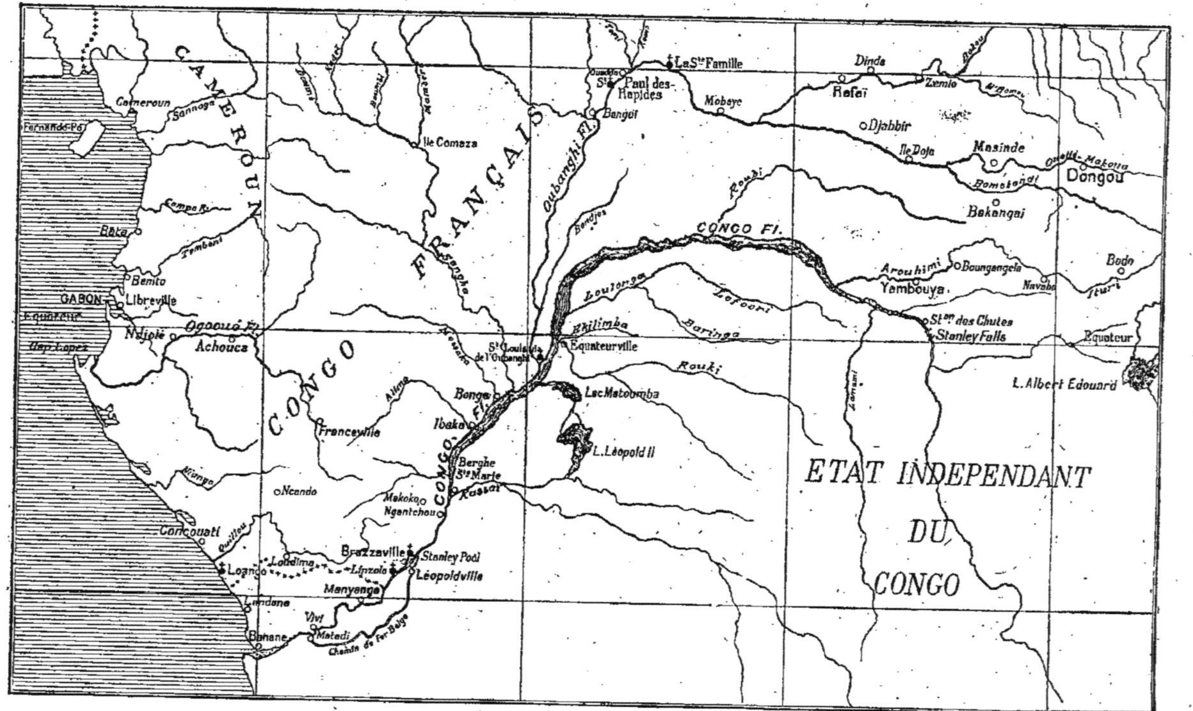

CAMEROUN
CONGO FRANÇAIS
CONGO
ETAT INDEPENDANT DU CONGO
CONGO Fl.
Fernando-Pô
Cameroun
Sannaga
Campo R.
Baka
Tembeni
Benito
Libreville
GABON
Equateur
N'Djolé
Ogooué Fl.
Cap Lopez
Achouca
Francevilla
Njanga
Conkouati
Quillou
Loango
Loudima
Lindane
Manyanga
Linzolo
Vivi
Bahana
Matadi
Chemin de fer Belge
Brazzaville
Stanley Pool
Léopoldville
Ncando
Makoko
Ngantchou
Berghe Ste Marie
Kassai
Ibaka
Bonga
Ile Comaza
Sangha
Alima
Kouado
St Louis de l'Oubanghi
Bkilimba
Equateurville
Lac Matoumba
L. Léopold II
Oubanghi Fl.
Bangui
Bendjes
Ouadd
St Paul des-Rapides
Le Ste Famille
Mobaye
Rouki
Loulonga
Lofoori
Baringa
Rouki
Zomani
Refai
Djabbir
Ile Doja
Zemio
N'Gomu
Dinda
Masinde
Bomolandi
Bakangai
Arouhimi
Boungangela
Yambouya
Navaba
Ituri
Dongou
Bodo
Oselli-Makoua
Ster des Chutes
Stanley Falls
Equateur
L. Albert Edouard

CHAPITRE V

Dès 1843, le vénéré P. Libermann, saintement passionné pour le salut des nègres, envoyait une première colonie de sept missionnaires sur les côtes de la Guinée. Au bout de quelques semaines, cinq tombaient victimes d'un climat meurtrier. Mgr Bessieux resta seul, attendant de nouveaux collaborateurs qui ne lui firent pas défaut. En 1844, il fonda la mission du Gabon, sous l'Équateur.

C'est en 1872 que les Pères du Saint-Esprit, développant leurs œuvres, s'établirent dans la région du Congo et y fondèrent plusieurs stations.

Quelques années plus tard, M. de Brazza vint, au nom de la France, explorer le pays et entra en relations avec les rois et chefs de tribus. Jugeant avec raison qu'un débouché sur la côte était nécessaire pour rester en communication constante avec l'intérieur, il conclut avec le roi de Loango un traité qui nous donna la seule rade praticable de cette côte entre le Gabon et Banane.

Pendant ce temps, l'Association internationale africaine, fondée en Belgique sous le patronage du roi Léopold, travaillait activement, elle aussi, à établir des postes et stations sur la rive gauche du Congo (1).

(1) Parmi les fleuves qui arrosent l'Afrique, au point de vue du débit, le Zaïre ou Congo tient le premier rang. A lui seul il roule

Ce grand fleuve ayant été ouvert à la navigation par les efforts de la France et de l'Association belge, la question des droits de souveraineté se posa naturellement. Le Portugal, au nom de l'histoire, en réclama la possession exclusive, et, soutenu par l'Angleterre, fit valoir ses titres dans un *memorandum* envoyé à toutes les puissances. De nombreuses réclamations se firent entendre jusqu'à ce que les différents gouvernements réunis en conférence à Berlin (14 novembre 1884) conclurent une convention qui délimitait les territoires qui appartiendraient à la France, au Portugal et au nouvel État indépendant du Congo. Cet accord fut regardé par les missionnaires comme un événement de premier ordre, très favorable à la civilisation et à l'apostolat.

Pour prévenir toute difficulté du côté des gouvernements, le Souverain Pontife attribua la juridiction sur ces contrées aux missionnaires des nationalités qui les occupaient. En 1886 le Congo français, qui égale la France en étendue, avec une population de 20 millions d'habitants, fut érigé en Vicariat apostolique. Le P. Carrie, qui évangélisait ces pays depuis plus de vingt ans, avait été appelé en France. Après avoir reçu en 1886 la consécra-

---

presque autant d'eau que tous les autres fleuves de l'Afrique réunis. Son embouchure a 13 kilom. de largeur et la sonde y relève des profondeurs de 110 mètres. Son courant est tellement fort que ses effets se font sentir à plus de 300 milles au large.

Depuis son embouchure jusqu'à Noki, le fleuve est navigable pendant plus de cent milles pour des vapeurs d'assez fort tonnage. Mais de Noki en remontant jusqu'à Stanley-Pool, la navigation est interrompue par trente-deux cataractes qui forment des barrières infranchissables. (*Annales Apostoliques.*) On comprend que les missionnaires, allant de Loango à Brazzaville, aient été dans la nécessité de faire par terre un voyage long et pénible. Aujourd'hui le chemin de fer du Congo belge est d'un grand secours pour les missionnaires de l'Oubanghi.

tion épiscopale, il retourna au Congo français avec le titre
de vicaire apostolique, emmenant de nouveaux auxiliaires,
dont l'un était le P. Allaire.

* * *

« Le 29 décembre 1886, écrit le jeune missionnaire,
nous étions en vue de Loango, centre de notre Mission. Le
capitaine du vaisseau belge qui nous portait fit pavoiser
les mâts de quinze bannières de différentes couleurs, en l'honneur de Mgr Carrie. Un coup de canon annonça notre
arrivée. Pour dire vrai, mon cœur battait bien fort, et
j'éprouvai un moment d'émotion inexprimable. J'étais en
présence de la terre promise après laquelle je soupirais
depuis si longtemps... Au loin, sur la plage, une foule de
noirs, frères malheureux auxquels je venais annoncer la
bonne nouvelle... Je ne pus m'empêcher de réciter tout
haut le *Magnificat* de l'action de grâces.

« Les deux Pères de la Mission vinrent nous prendre
avec une embarcation conduite par une douzaine de nos
enfants. Quelle joie en revoyant leur Père devenu leur
évêque! Je n'ai pas à vous dire la réception qui fut faite...

« A peine arrivés, il fallut se mettre au travail. Nous
apportions quelque chose comme 120 colis, et ce ne fut
pas une petite affaire que de les transporter à terre. Notre
vaisseau *le Wlanderen* était mouillé à une demi-lieue de
la côte, et nous n'avions à notre service que de petites
barques. Il nous fallut trois longs jours. Pères, Frères et
enfants, tout le monde s'était mis à l'œuvre. Aussi à la fin
étions-nous harassés... »

Dès son arrivée, Mgr Carrie, désireux d'utiliser les aptitudes du P. Allaire, l'avait nommé économe de la Mission.
En cette qualité, celui-ci devait veiller aux provisions,

recevoir les envois venant d'Europe, préparer les caravanes destinées à ravitailler les missions de l'intérieur.

Notre jeune missionnaire s'acclimata assez facilement.
« A Loango, écrivait-il, bien que le soleil soit de feu, c'est
encore la vie de la côte, quelque peu semblable à celle
d'Europe, et l'on y trouve du pain et du vin : ce qui est
rare dans l'intérieur.

« Je vais bien. Je n'ai eu que trois fois la fièvre, avec quelques jours de lit. Je suis acclimaté.

« En revanche, j'ai éprouvé assez de misères dans les
jambes, grâce aux insectes de toutes sortes qui pullulent.
Dans ces pays, il est mauvais de vouloir faire cesser les
démangeaisons. Si l'on y porte la main, la peau se gonfle
peu à peu, et il se forme une plaie large comme une pièce
de cinq centimes. J'ai eu une quinzaine de ces plaies à la
fois : ce qui a demandé plus d'un mois de soins. Aujourd'hui
tout est bien guéri. J'ai ainsi appris par mon expérience
qu'il vaut mieux supporter son mal avec patience. »

*
* *

« Voulez-vous connaître un peu ma nouvelle patrie ?
écrivait-il à Poitiers. La chaleur d'abord : j'ai été au Portugal, et je crois pouvoir dire qu'il y fait aussi chaud qu'à
Loango ; mais en Portugal, pas de fièvre, tandis qu'en
Afrique tout le monde y passe. Quand vous avez en France
ces grandes chaleurs, nous sommes ici en hiver. Dans
les six derniers mois je n'ai pas vu le thermomètre monter
à plus de 35° centigr., ni descendre le matin jusqu'à
17° au-dessus de zéro. La neige et la glace y sont in-
connus.

« Aussi l'habillement des indigènes est d'une simplicité
remarquable. En règle générale, ne sont pas connus les

vêtements dont la confection demanderait une couture. Un morceau d'étoffe autour des reins descendant jusqu'aux genoux et retenu par un lien quelconque, voilà l'ordinaire. Les plus riches y ajoutent une espèce de gilet de flanelle reçu des Européens comme paiement de quelques services rendus. Plusieurs se contentent de moins...

« Les cases des noirs sont aussi très primitives. Des roseaux tiennent lieu de charpente ; les feuilles et le jonc servent pour les murs et pour la toiture. Du reste, une de ces cahutes qui mesure deux mètres sur deux mètres de haut, à la partie la plus élevée, est regardée comme une grande case. Il n'y a pas de cheminée et pas d'autre issue pour la fumée que la porte d'entrée qui mesure 0 m. 40 cent. de large sur 0 m. 60 de hauteur. Jugez si c'est commode pour y entrer. N'est-ce pas le cas de dire en toute vérité ce que l'on dit en France par politesse : Donnez-vous la peine d'entrer ?

« L'Africain ne connaît d'autre siège pour s'asseoir que la terre. Il n'a point non plus d'autre lit que la terre sur laquelle il étend une natte.

« Sa nourriture n'est point non plus compliquée, et la multitude des sauces et des assaisonnements ne lui font point mal à l'estomac. Il boit ordinairement de l'eau, et il mange des patates de manioc. Ces patates ressemblent un peu à vos pommes de terre, mais sont plus douces. Leur culture demande peu de soin. On prend une branche de cette plante qu'on enfonce en terre de 10 à 20 centim., et au bout d'un an et demi on vient faire la récolte. On prend les racines, on les met dans l'eau de manière à les faire bien fermenter, et c'est alors qu'on les mange. Si on les laisse pourrir dans l'eau, on obtient ce qu'on appelle de la chikouangue, que les noirs préfèrent aux simples racines, mais qui n'en est pas plus parfumée pour cela à nos odorats européens.

« Vous connaissez la passion des noirs pour l'eau-de-vie. Ici sur la côte d'Afrique c'est, avec les étoffes, ce qui forme la monnaie du pays. Un noir avale un verre d'eau-de-vie sans sourciller. Je connais un vieux chef qui boit comme de l'eau, de l'alcool à 85°, non pas seulement une simple gorgée, mais de pleins verres, et quand il a fini, il en demande encore.

« Les noirs sont naturellement paresseux : s'il y a quelque chose à faire, cela revient de droit à la femme. L'homme se repose, va à la chasse et plus rarement à la pêche. Le reste du temps il cause ou ne fait rien, ou encore il dort. Ici à Loango les femmes fument plus que les hommes. Le tabac dont elles se servent ne leur revient pas cher. Elles emplissent leur pipe de braise allumée, et cela leur suffit : heureuses sont-elles quand un semblant de fumée paraît sortir de leur pipe...

« Quant à notre action sur ces populations, nous ne faisons encore que peu de chose. On nous cache même les enfants qui sont en danger de mort, et, après avoir couru toute la journée au milieu des brousses, nous revenons le soir sans avoir réussi à trouver un seul petit moribond à baptiser.

« Ici l'œuvre la plus importante est l'œuvre des enfants. J'y suis occupé. Bien que la Mission n'existe que depuis trois ans, nous avons déjà plus de 80 enfants dans notre établissement de Loango. Pour la plupart, ce sont de petits esclaves rachetés. Au commencement ils ont peur de nous ; car ils étaient habitués à ne recevoir de leurs maîtres que des coups, et ils se savaient destinés à la boucherie. Nos aînés se hâtent de les rassurer, en leur répétant qu'ici ils ne seront pas mangés, et qu'on ne les conduira pas à coups de bâtons. Peu à peu leurs craintes se dissipent, et Mgr Carrie, qui a l'expérience des hommes et des choses, ne cesse de répéter : « Si l'Afrique est encore sauvage aujourd'hui, en grande partie du moins, c'est bien à la paresse et au désœuvrement de ses habitants qu'il faut l'attribuer. Aussi longtemps que les noirs ne travailleront pas, l'Afrique ne sera rien ; car sans le travail, pas de morale, pas de civilisation possible. Arrivez à faire travailler l'Africain, et vous en ferez quelque chose. Les éducateurs de la jeunesse doivent donc bien mettre le travail à la base, au milieu et au sommet de leur éducation... »

« Mais le noir ne prendra des habitudes de travail que s'il y a été formé dès l'enfance. Voilà pourquoi, dès le début de la Mission, l'œuvre si importante des enfants y a été établie.

« Nous leur avons conservé, autant qu'il nous a été possible, le logement, l'habillement et la nourriture de leur pays. C'est ainsi que, pour l'habillement, la Mission ne donne qu'un simple pagne de la valeur d'un franc environ. Trois pagnes par an suffisent largement à un enfant. Libre à lui de se procurer par son travail ou son industrie quelques vêtements en plus. Il y arrive en cultivant, pendant les récréations ou les temps libres, quelques jardinets dont les produits l'enrichissent peu à peu.

« La journée est partagée en deux parties égales dont l'une est employée à l'enseignement de l'école et l'autre au travail manuel. »

Le P. Allaire se félicita toujours d'avoir vécu deux années à l'école d'un évêque aussi expérimenté, et, plus tard, nous le verrons réaliser à Saint-Louis de l'Oubanghi les œuvres de Loango.

*
* *

Dans une lettre du 28 septembre 1888, il écrit à l'une de ses bienfaitrices : « Je veux vous narrer mon premier exploit avec les fauves qui nous entourent. C'était le 30 août dernier. Ayant été obligé de veiller pour expédier mes affaires, je m'étais couché assez tard. Je reposais depuis une heure quand Mgr Carrie, dont la chambre est près de la mienne, vient m'éveiller : Père, le tigre est entré dans votre bergerie et mange vos cabris — ce que c'est que d'être économe ! Je me sentis touché : nos cabris, c'est la seule viande fraîche que je puisse donner à notre communauté. — Mais que faire à minuit, dans les ténèbres, contre un tigre ? Et puis les deux fusils de la communauté sont en réparation. Je prends un de ces fusils à deux coups que je remonte à la hâte. Mais pas de cartouches ! J'en fais quelques-unes à la vapeur. De son côté, le Frère Vivien avait déniché un vieux fusil à capsules. Je m'arme aussi d'un petit revolver. Deux enfants prennent une lanterne, et nous partons avec le berger qui a donné l'alarme. Chemin faisant, j'encourage ma petite troupe, et je demande que, quoi qu'il arrive, tous se tiennent serrés les uns contre les autres. La nuit est profonde, le silence complet. Quand nous sommes arrivés à la bergerie, le berger me montre de la main de quel côté le tigre est entré. Serait-il déjà parti ? Aucun bruit ne se fait entendre. Nous avançons lentement, la main sur la détente... Nous sommes à vingt pas... Je tire un coup de revolver, et j'obtiens comme réponse un cri inimitable qui nous fait dresser les cheveux sur la tête. — Il est là, dit le Frère ; il est à nous. — Nous avançons avec précaution. Avec nos lanternes nous regardons dans le premier compartiment : rien. Nous arrivons au second. Le tigre n'y est plus... Nous allons au troisième compartiment.

Le fauve nous sent trop près de lui et nous jette un cri
qui nous fait tous reculer, mais en bon ordre. Le Frère et
moi nous marchons en avant ; les autres nous suivent.
J'aperçois dans ce troisième compartiment une grosse
masse qui se bat les flancs, à quatre mètres devant moi.
J'épaule et je fais feu. Un cri épouvantable nous fait
sauter en arrière. C'est bien lui. Il est atteint ; mais il
n'est pas blessé à mort. Dans son désespoir il pousse
des cris affreux. Toute la bergerie est ébranlée par ses
sauts prodigieux. Il saute d'un compartiment dans l'autre,
par-dessus des séparations de deux mètres de haut. Dans
sa fureur, il ne sait plus trouver l'endroit par où il est
passé. C'est un moment d'émotions indescriptibles. Nous
nous sommes retirés au bout de la bergerie. Tout à coup
le Frère l'aperçoit sur le haut d'une séparation et fait
feu. L'animal rebondit de l'autre côté. Feu à mon tour. Le
Frère a rechargé : feu ! Des grognements sourds, mais
plus de vacarme, puis plus rien. Il est allé mourir dans
le troisième compartiment. Je lui donne un coup de
grâce à quatre mètres, le Frère un autre à bout portant.
Il est bien mort.

« Notre victime est devant nous, bête énorme qui ne
diffère du tigre royal que par les taches de sa peau. Il
mesure deux mètres 20 de longueur avec sa queue dont
un coup aurait suffi pour me renverser. Il pèse 120 livres.

« Le lendemain matin nous eûmes une vraie avalanche
de compliments pour la hardiesse et les bons coups de
fusil des chasseurs. Les officiers du poste français de
Loango dirent qu'ils n'auraient pas osé attaquer pendant
la nuit. Jamais dans le pays on n'avait vu une bête aussi
énorme. J'en ai mangé, bien entendu. Nous avons rendu
au bon Dieu de grandes actions de grâces ; nous avons
remercié nos bons anges de leur visible protection... »

CHAPITRE VI

Depuis plusieurs années déjà, les Pères du Saint-Esprit et du Saint-Cœur-de-Marie étaient établis dans l'intérieur, à Stanley-Pool. Après deux années d'attente et de désirs, le P. Allaire y fut envoyé lui-même en compagnie du P. Remy, arrivé en Afrique depuis quinze jours. Le 1er décembre 1888, les deux missionnaires se mirent en route pour Brazzaville, éloignée de 600 kilomètres. Voici le récit de ce pénible voyage, que le P. Allaire adressa à ses parents :

« Nous sommes partis de Loango avec une caravane de 80 porteurs chargés de nos bagages et de colis destinés à la Mission. Chacun avait ses 30 kilog. sur sa tête. Nous emportions des conserves de viande et de lait, 2 lits de camp et 2 tentes, une boîte-chapelle avec tout ce qui est nécessaire pour dire la messe, puis une valeur de 30 francs en perles et en boucles d'oreilles pour acheter des vivres en route, enfin trois fusils.

« A cause de la chaleur et des buissons épineux, nous avions dû remplacer notre soutane par une longue chemise de flanelle. En avant dans la brousse ! Notre véhicule était, bien entendu, celui de saint François. Il serait bien difficile d'en avoir un autre dans ces sentiers en zigzags de 25 à 30 centimètres de large, où l'on ne peut marcher deux de front.

« Au début, tout nouveau, tout beau, en Afrique comme en France. Nous étions à la joie. Nous chantions sur des airs connus quelques couplets improvisés, ce qui nous donnait du courage. Nous étions aussi émerveillés de ce que nous voyions. Au milieu de ces immenses forêts vierges où le jour pénètre avec peine, des arbres dont l'immense tronc pourrait être entouré par six hommes qui se donneraient la main, d'autres arbres gigantesques s'élevant jusqu'à 40 mètres de hauteur pour présenter quelques branches à l'action bienfaisante du soleil; plus loin une colline toute verdoyante, avec un petit bois et des fruits sauvages !

« Nous ne fûmes pas longtemps sans éprouver, à nos dépens, que les joies d'ici-bas sont de courte durée. Dans les plaines, de grandes herbes arrivaient jusqu'à nos épaules, ou formaient voûte au-dessus de nos têtes pour ne nous laisser respirer qu'un air embrasé, et nous étions dévorés par les moustiques. C'est alors que j'ai expérimenté les tortures de la soif. Plus loin, des montagnes à pic qu'il fallait escalader en se cramponnant aux racines des arbres pour ne point dégringoler à chaque pas. Dans les descentes et dans les pentes trop raides, nous glissions et nous nous étendions sur les cailloux, au grand détriment de nos jambes. Les chemins des dix premiers jours ont été affreux par suite des pluies de la nuit. Grâce à Dieu, nous n'avons voyagé qu'une demi-journée sous une pluie battante. Toutes les deux heures, parfois plus souvent, nous nous trouvions devant une rivière profonde ou des étangs. Pas de pont. Il nous fallait nous mettre à l'eau, en gardant nos souliers, à cause des épines et des cailloux tranchants. Un jour, malgré la boue qui recouvrait nos jambes jus-

qu'aux genoux, je crois distinguer du sang à l'un des pieds
du P. Remy. Pauvre Père, il ne disait rien, et il avait à la
cheville une large plaie. A mes représentations, il répondit qu'il n'en était gêné que le matin, pendant la première
demi-heure ; qu'une fois la jambe échauffée il ne sentait
presque plus rien. Il avait encore deux ampoules à l'autre
pied. Aussi dut-il se faire porter quand nous avions un
ruisseau à passer.

« Contre la fièvre, nous prenions de la quinine plusieurs
fois le jour. Je dus cependant payer mon tribut. Depuis
24 heures je tremblais de tous mes membres, quand nous
arrivâmes à un poste français. C'était providentiel. Je me
couche de suite sous des couvertures. Me voilà dans une
étuve. Au bout de trois heures on me dégage un peu. Je
m'administre un purgatif qui produit son effet pendant
la nuit. Je voulais partir le lendemain, coûte que coûte.
En effet, dès le matin nous sommes en route, quoique je
ne fusse qu'à moitié remis. Durant ce long voyage,
voici quel était d'ordinaire notre ordre du jour. De grand
matin, à peine le jour commençait-il à poindre, que le sifflet du contremaître de la caravane donnait le signal du
réveil. Nous étions vite debout. La toilette n'était pas longue, puisque nous couchions tout habillés. Il n'en était pas
de même de nos porteurs qui faisaient la sourde oreille à
l'appel du sifflet. Force nous était de prendre notre bâton
de voyage et de menacer les récalcitrants. De tous côtés,
s'élevait un concert de prières et de réclamations : Père, tu
veux donc nous tuer? Regarde comme j'ai mal au pied. —
J'avais beau regarder, je ne voyais rien — Père, moi,
rien pour manger, moi mourir de faim. — Père, moi
charge trop lourde. Achète un autre homme pour la porter, je n'en puis plus, etc., etc. C'était pendant une demi-
heure des réclamations de toutes sortes. Heureusement je

savais à qui j'avais affaire et je n'ai point à me reprocher
de m'être montré trop crédule... Les noirs sont par nature
paresseux et menteurs. Nous prenons à la hâte un peu de
nourriture et nous voilà en route, mais, bien entendu, sans
chansons et sans enthousiasme, encore moins sans admiration pour le pays sauvage que nous traversions.

« Au début, notre imagination nous représentait des parties de chasse où le gros gibier tomberait fatalement sous
chacun de nos coups. En réalité, pendant nos 24 jours de
voyage, nous n'avons pas eu l'occasion de tirer un coup
de fusil.

« A 11 heures, repos jusqu'à deux heures. Ordinairement
nous nous arrêtions dans un village. Aussitôt les indigènes
d'accourir pour voir la merveille de deux hommes qui sont
blancs et qui ont la barbe noire. Ils s'accroupissent en cercle autour de nous tandis que nous récitons notre bréviaire
et ils nous examinent à loisir. Pendant ce temps, le cuisi-
nier a été chercher du bois, de l'eau, et quand il y en a, il
achète une poule qu'il nous fait cuire tant bien que mal
pour notre repas de midi et du soir. Pas de pain, bien
entendu. Du vin rarement et en bien petite quantité. Nous
voulons faire des économies pour le cas où l'un de nous
viendrait à tomber malade. Nous mangeons donc et nous
nous reposons, puis en route jusqu'à 5 ou 6 heures. Le
lendemain et les jours suivants, même répétition. Jugez un
peu de l'agrément d'un pareil voyage ! Mais c'est pour le
bon Dieu. Ce qui nous était plus pénible, c'était de passer
au milieu de nombreuses populations, sans pouvoir faire
quelque bien à leur âme. Nous ne comprenions pas leur
langue, et d'ici longtemps peut-être elles n'entendront pas
la bonne nouvelle de l'Evangile, faute de missionnaire.

« Enfin nous touchons au terme. Le 24 décembre, nous
sommes sur pied avant l'aube. Nous laissons nos hommes

en arrière, et nous voilà partis avec le contremaître. Les ampoules ne nous arrêtaient plus, les maux de tête avaient disparu. Avant midi nous serons à Brazzaville. Quelle course à nous trois ! Nous sommes tout trempés par les herbes encore pleines de la rosée de la nuit ; mais qu'importe ? Nous allions arriver au terme et pouvoir prendre enfin un peu de repos. Parvenus au sommet des montagnes, nous apercevons au loin le Congo, cet immense fleuve que nous cherchons depuis si longtemps ! Nous pressons le pas. Encore une heure, nous dit le contremaître, et nous serons rendus..... Toujours la solitude autour de nous et les petits sentiers des noirs. Tout à coup nous entendons des voix qui se rapprochent. Nous prêtons l'oreille : on parle français. C'est le R. P. Augouard qui est venu à notre rencontre en compagnie du Résident français de Brazzaville. Ai-je besoin de vous dire notre joie? J'étais exténué, et pendant quatre grands jours j'ai souffert d'une forte courbature accompagnée de fièvre. »

*
* *

La mission de Brazzaville était récente. Par suite des difficultés qu'ils avaient rencontrées de la part des indigènes, les Pères avaient dû établir leur première station dans l'intérieur, un peu au-dessous, à Linzolo ; mais, à la suite d'un voyage dans le Haut-Congo en 1887, Mgr Carrie décida la création d'une seconde station, à Brazzaville même.

Au mois de septembre de cette même année, le R. Père Augouard, provicaire apostolique, en jetait les fondements. Les commencements en furent assez pénibles par suite de la famine qui régnait dans le pays. Les vivres atteignirent des prix exorbitants.

Afin de n'être plus surpris à l'avenir, le premier soin des missionnaires fut de faire des plantations. En quatre mois ils défrichèrent cinq hectares de terrain qui furent immédiatement ensemencés de manioc, haricots, patates, riz, maïs, bananes et autres légumes d'Europe.

Tandis qu'on ensemençait le sol, on préparait les matériaux pour les constructions nécessaires. Comme le désirait Mgr Carrie, la Mission de Brazzaville devint le chef-lieu et le centre de toutes les stations du Haut-Congo, lorsque ces territoires, détachés du vicariat apostolique du Congo français, formèrent le nouveau vicariat de l'Oubanghi sous la juridiction de Mgr Augouard, son premier évêque.

Le P. Allaire resta trois mois en résidence à Brazzaville. Il était chargé d'installer une machine à vapeur dans la chaloupe de la Mission, le *Léon XIII* ; mais la machine, achetée en Europe, n'était pas arrivée. Sept ou huit mois allaient s'écouler avant qu'il fût possible de faire un travail qui devait être bien avantageux pour le développement de la Mission.

Le *Léon XIII*, dont il sera souvent question dans nos récits, est, on peut dire, l'œuvre de Mgr Augouard. Lui-même en a fait l'histoire. « Jusqu'à présent, écrivait-il à Poitiers, en décembre 1886, les voyages sur le fleuve nous avaient été fort difficiles. Nous devions, ou demander passage sur les bateaux à vapeur qui étaient toujours encombrés, ou voyager dans des pirogues où la vie des missionnaires était par trop exposée.

« A force d'économies et grâce au concours de quelques personnes généreuses, nous pûmes recueillir la somme nécessaire à l'achat d'une embarcation. Nous la commandâmes en acier pour obtenir le plus de résistance sous le moins de poids possible, et en plaques de 30 kilos pour faciliter le transport à dos d'homme de Loango à Brazzaville. Il fallut 90 porteurs. Ces plaques d'acier devenaient tellement chaudes aux ardeurs de notre soleil équatorial qu'elles brûlaient la peau avec laquelle elles étaient en contact. Le matin au contraire, elles étaient gelées par la fraîcheur de la nuit.

« C'est alors qu'il nous fallut devenir mécaniciens et forgerons. Plus de 120 pièces devaient être assemblées par plus de 7.000 rivets qui exigeaient en moyenne 40 à 50 vigoureux coups de marteau pour être aplatis convenablement. Le P. Pâris et moi nous eûmes pour deux mois de cet effrayant travail.

« Il y eut ensuite à faire les planchers, les banquettes, les avirons, etc., à mettre les agrès, la voile, etc. De loin cela ne paraît pas trop difficile, mais lorsqu'on n'a aucun modèle sous les yeux, on perd beaucoup de temps à faire les calculs les plus simples et à chercher des mesures.

« Enfin, le 2 août 1886, le *Léon XIII* fut lancé solennellement sur le Congo... S'il avait une petite machine à vapeur, ajoute le missionnaire, ce serait une magnifique embarcation. Ce désir ne devait pas tarder à être réalisé.

Mission de Saint-Louis de l'Oubanghi.

CHAPITRE VII

Avril 1889.

En 1887, après un voyage d'exploration dans le Haut-Congo, Mgr Carrie écrivait en Europe : « A l'Oubanghi, à 600 kilomètres au delà de Brazzaville, nous avons acquis un magnifique terrain situé au confluent de ce fleuve et du Congo et formant une pointe. Nous possédons de chaque côté deux kilomètres de rive; une ligne droite réunissant les deux côtés forme notre délimitation à l'intérieur.

« On ne saurait trouver une propriété renfermant plus d'avantages. Elle possède un port magnifique, et l'on a, de ce point, une belle vue sur le Congo et le l'Oubanghi, qui en cet endroit ressemblent à deux mers. Par son élévation elle est à l'abri des plus grandes crues du fleuve. Son sol m'a paru propre à la culture des légumes et aux plantations. Le bois y abonde : des forêts remplies d'arbres gigantesques recouvrent une grande partie de sa surface. »

C'est au mois d'avril 1889 que le R. P. Augouard alla fonder cette nouvelle station de Saint-Louis de l'Oubanghi.

« Cette Mission, à la pointe de Liranga, pourra devenir très importante, écrivait-il à Mgr Carrie, à cause de sa position sur les deux grands fleuves du Congo et de l'Oubanghi, et de sa proximité des rivières Sangha, Mossaka et Alima. La situation est excellente pour combattre l'esclavage et l'anthropophagie qui règnent dans ces contrées. Nous songeons déjà à aller prochainement nous installer au commencement des rapides du Congo, c'est-à-dire à 6 ou 700 kilomètres plus haut que Saint-Louis, de manière à enfermer, pour ainsi dire, dans un cercle de miséricorde toutes ces sauvages tribus de l'Oubanghi. »

Après avoir commencé la fondation, le supérieur laissa son compagnon, le P. Pâris, faire les premières installations avec trente travailleurs, hommes et enfants engagés pour un an, et le 14 avril il rentrait à Brazzaville, envoyant le P. Allaire à cette nouvelle station. Les lettres de notre jeune missionnaire, écrites quelques mois plus tard, nous fournissent des renseignements intéressants :

« Vous savez déjà que j'appartiens à la petite communauté de Saint-Louis de Liranga, bien que je doive souvent aller en voyage. Le terrain cédé par le gouvernement est une immense forêt située à deux kilomètres environ d'un poste français composé d'un blanc et de quatre ou cinq soldats noirs. Les communications peuvent se faire par eau ou par terre, puisque les deux établissements sont situés sur les bords du Congo.

« A mon arrivée, je trouvai une maison provisoire à moitié construite. Depuis lors on débrousse, et on a construit chapelle, réfectoire, cuisine, puis un magasin et une bergerie à trois compartiments, un pour les cabris au nombre de quinze, un pour les poules dont nous avons une centaine, et le dernier pour nos six moutons. Il a fallu trois voyages de huit à dix jours pour faire ces acquisitions si importantes

à l'avenir de la Mission. Malheureusement nos cabris et nos
moutons ne prospèrent pas, faute de bonne nourriture.
Ne vous étonnez pas de notre manière de faire. Dans
ces pays les ressources manquent complètement. Il nous
faut pourvoir nous-mêmes à tous les besoins du personnel
de la Mission, et nous procurer sur place les choses les
plus nécessaires à la vie.

« Le P. Pâris, qui est depuis huit ans en Afrique, se trouve
bien fatigué et souffre surtout de l'estomac, à cause de la
mauvaise eau que nous buvons : c'est l'eau du Congo,
qui contient toutes sortes de détritus du règne végétal et
animal. Aussi un beau jour nous résolûmes de faire un
puits. On se met à l'œuvre, on creuse le sol. Les hommes
employés à ce rude travail se dégoûtent vite. Il fallut
employer les promesses et les menaces. A 4 mètres aucun
signe encore dans le sol. Enfin à 5 mètres nous concevons
quelque espoir, et, deux jours après, nos ouvriers joyeux
font entendre le cri : L'eau ! L'eau ! Le même cri résonne
au loin, dans le bois. Tout le monde de venir voir. Oui,
c'est bien l'eau, encore boueuse, il est vrai ; mais nous
creuserons encore, et nous aurons de l'eau claire et po-
table. Si vous saviez comme on apprécie en Afrique un
verre de bonne eau claire ! Mais comment puiser à 6 mètres
50 de profondeur ? Un treuil avec un seau serait assez
facile à faire ; mais à certaines époques de l'année, quand
la couche d'eau ne sera que de 30 à 40 centimètres, on ne
pourrait puiser sans troubler l'eau. Une pompe aurait tous
les avantages sans les inconvénients ; mais comment faire
cette pompe ? A Paris c'est facile. A Liranga tout manque.
Après réflexion, c'est décidé, nous ferons une pompe. Je
sais assez bien souder ; essayons. Je vide une caisse de
farine qui sert à faire des pains d'autel et du pain que
l'on sert au dessert. Je taille dans le zinc des tuyaux et le

corps de pompe…. Huit jours après la pompe marchait et marche encore, à la grande admiration des indigènes qui n'en reviennent pas et qui veulent boire de la bonne eau, comme ils disent. On vient de plusieurs kilomètres en prendre dans de petites cruches, et quand les chefs de village passent par chez nous, ils demandent à en boire. »

*
* *

Au mois de septembre, le P. Allaire profitait du passage d'un vapeur français pour aller à Brazzaville installer la machine à vapeur du *Léon XIII*. Dans la première quinzaine de décembre, nous le retrouvons à Saint-Louis avec le R. P. Augouard. Bientôt le dévoué P. Pâris, pris de la dysenterie, devait aller chercher un meilleur climat. Le fondateur des Missions de l'Oubanghi, le R. P. Augouard, était, lui aussi, au commencement de 1890, atteint de la même maladie qui mit ses jours en danger. Il fut envoyé en France se rétablir.

« Nous ne sommes présentement que deux missionnaires, le P. Moreau et moi, au milieu de notre grand désert, parmi de vrais sauvages. Nous venons d'apprendre que le chef d'un poste français dans l'Oubanghi a été mangé.

« Le 18 mars, notre petite communauté a été remplie d'épouvante par un affreux malheur. Le matin, après notre oraison, les petits enfants que nous avons rachetés viennent nous avertir que l'un d'eux avait disparu. On cherche et on découvre des traces de tigre. Un affreux pressentiment traverse notre esprit. Aussitôt après nos Messes, le P. Moreau et moi prenons nos fusils pour aller à la recherche dans la forêt, et à 500 mètres environ de nos maisons provisoires en paille, nous trouvons une tête à moitié dévorée et un cadavre qui n'avait plus ni bras ni poitrine. La vue de ces débris sanglants m'a fait éprouver l'une des plus douloureuses impressions que j'aie ressenties dans ma vie. Cet enfant, que nous avions acheté il y a deux mois et demi, n'avait pu être baptisé. Il devait avoir 15 ans. Nous avons pourtant confiance que Dieu, dans sa miséricorde infinie, aura eu pitié de cet infortuné qui commençait à réciter l'Oraison dominicale et à balbutier le nom de Marie, et lui aura tenu compte du désir qu'il manifestait de recevoir le saint baptême.

« Le reste de la journée fut employé à nous protéger, nous et nos enfants, contre cet animal féroce. Deux nuits de suite, nous fûmes sur le qui-vive. Je fis construire une sorte de piège avec de fortes branches d'arbres enfouies en terre et bien liées ensemble. Vers six heures du soir, un petit cabri fut installé comme appât. Le tigre, pour saisir le cabri, devait entrer dans cette sorte de cage et en marchant faire tomber derrière lui une porte à coulisse. Tout fort qu'était le piège, nous nous demandions si l'animal ne pourrait pas en sortir, car il est d'une force dont on ne peut se faire une idée quand on n'en a pas vu les effets.

« Voilà qu'à sept heures, au moment où nous sortions de la chapelle pour aller souper, les enfants viennent nous dire qu'il leur semble que le piège est tombé.

« Peu convaincus, le P. Moreau et moi, nous prenons chacun notre fusil, et comme il faisait nuit, nous partons, accompagnés de quelques noirs portant des flambeaux. Nous approchons encore ; aucun bruit. En nous approchant de nouveau, nous voyons que, de fait, la porte est bien fermée. Je dis à mon confrère : « Il n'y est pas. S'il y était, en nous voyant arriver, il pousserait un cri à nous faire dresser les cheveux sur la tête. » Je n'avais pas achevé, qu'un grognement me répondit, mais un grognement comme il n'y a pas de chien au monde à en pousser. Il paraît cependant que ce grognement était peu de chose auprès de celui que les tigres font ordinairement entendre dans de pareilles circonstances. Nos noirs trouvèrent que c'était beaucoup, car ils ne voulurent plus avancer. Il fallait pourtant, pour le tirer à travers les barreaux serrés du piège, approcher jusqu'à passer le canon du fusil à travers. Nous avançons tous les deux, deux noirs nous suivant à plus ou moins de distance. Pendant ce temps, le tigre grognait et dansait à faire peur. J'avais beau regarder, je ne voyais rien. Cependant il n'y avait pas de temps à perdre : l'animal féroce, dans un accès de fureur, pouvait à tout moment briser sa cage et s'élancer sur nous. Enfin l'un d'eux s'approcha, je vis un peu la bête fauve et je lui logeai immédiatement une balle dans la tête. Le coup parti, tout bruit cessa; mais un autre tapage commença : c'étaient nos hommes qui criaient, qui dansaient de joie. A ces cris répondirent aussitôt ceux de nos enfants et des noirs qui, plus braves encore que leurs camarades, étaient restés à deux cents mètres en arrière. Les lumières s'approchèrent alors, et nous vîmes le tigre étendu par terre, ne bougeant plus. Il mesurait 2 mètres 20 du museau au bout de la queue ; et cependant c'était un jeune. Nous fûmes heureux de notre succès, surtout en pensant combien près de nous rôdait cet animal, puisque nous avions à peine quitté le piège qu'il y entrait.

« Mais, celui-là mort, n'en reviendra-t-il pas d'autres ?

« Nous avons découvert de nouvelles traces qui nous obligent à nous barricader chaque soir... »

Une lettre que le Père Allaire adressait le 1er août 1890 au Très Révérend Supérieur général de la Congrégation du

Saint-Esprit entre dans quelques détails sur les œuvres déjà entreprises :

« Sous le rapport du ministère à faire parmi les indigènes, voici où nous en sommes : sur la rive française pas de village, sinon à une ou deux journées de pirogue, soit en amont, soit en aval du fleuve ; sur la rive belge, au contraire, les villages sont nombreux et peuplés, mais en dehors de notre juridiction. Il n'y a donc de possible, pour le moment, à Saint-Louis, que l'établissement d'une œuvre d'enfants ; et encore le recrutement en est-il assez difficile. L'expérience d'une année entière, où tous les efforts tentés sont restés infructueux, prouve que le rachat des enfants est impossible à Liranga même : ce n'est qu'au-dessus des rapides de l'Oubanghi et dans le Congo, à deux ou trois journées de vapeur, que commencent les rivières d'où proviennent les malheureux petits enfants destinés soit à être mangés dans l'Oubanghi, soit à être échangés contre de l'ivoire, soit enfin à être égorgés et jetés ensuite dans le fleuve, quand les indigènes, partant chasser l'hippopotame, veulent se rendre favorable le démon de la chasse.

« Nous avons actuellement 15 petits rachetés à la Mission, dont l'âge peut varier entre 7 et 15 ans ; plusieurs d'entre eux se sont enfuis au moment où l'on voulait leur couper le cou pour les manger ; d'autres, pour s'être écartés un peu de leurs villages, ont été volés, puis vendus ; nous en avons même qui avouent avoir mangé de la chair humaine ; bref, l'histoire de chacun est pleine d'aventures et ordinairement remplie de souffrances.

« Nous vivons en assez bonne harmonie avec les indigènes qui viennent fréquemment chez nous. Les mœurs de ces sauvages, bien faites pour inspirer de la défiance, nous obligent à beaucoup de prudence ; malgré toutes nos précautions, ils nous ont déjà volé plusieurs pirogues.

« Dans les villages qui sont situés du côté de la rive belge, il ne se passe pas de mois sans que l'on égorge sept ou huit victimes humaines, avec grandes réjouissances et renfort de danses et de chants. Le voisinage des blancs a déjà amené ce résultat que les noirs se cachent davantage pour sacrifier leurs victimes, et qu'ils n'osent plus manger la chair dont ils étaient si friands autrefois. Seul le crâne décharné va orner la toiture des huttes. Mais il suffit de monter deux journées plus haut pour se trouver parmi des peuplades où l'on engraisse les enfants, et où on les égorge quand on juge qu'ils sont bons à manger. Lorsque nous voulons faire comprendre à ces pauvres sauvages qu'ils font mal d'agir ainsi, ils restent tout surpris et demandent si dans le pays des blancs on ne fait pas la même chose. Leur stupidité est telle qu'on en a vu plusieurs qui, condamnés à être mangés à l'occasion de la mort d'un chef, ont refusé d'être délivrés par des blancs et ont préféré être mangés. Parler du bon Dieu à ces êtres dégradés, c'est leur proposer une idée qui dépasse leur niveau intellectuel. Pour eux, au-dessus des hommes il y a les fétiches, et le fétiche c'est un vieux chiffon, une branche d'arbre, un clou, une amande ou un peu de sable. Au-dessus de tout cela, il n'y a plus rien. Jugez un peu par là des difficultés du terrain que nous avons à défricher et des récoltes que nous pouvons espérer dans le présent. »

Le « Léon XIII ».

CHAPITRE VIII

« La Mission disposant maintenant d'une chaloupe à vapeur, écrit Mgr Carrie dans les *Missions catholiques*, il fallait en profiter pour visiter le Bas-Oubanghi, faire connaissance avec les populations, préparer la fondation de stations plus avancées dans l'intérieur ; il fallait chercher à avoir quelques enfants de ces tribus lointaines et anthropophages ; il fallait aussi s'occuper d'une question importante, il est vrai, mais non moins nécessaire : celle des vivres à faire descendre du fleuve à la pointe de Liranga. Toutes ces raisons faisaient donc songer sérieusement à un voyage dans le Haut-Oubanghi, lorsqu'une circonstance inattendue vint décider le P. Allaire à entreprendre cette excursion.

« Le 2 mai 1890, M. Berton, inspecteur général des stations du Congo français, arrivait au poste de Liranga et réclamait immédiatement le *Léon XIII* pour se rendre dans le haut du fleuve. Il offrait de prendre à sa charge tous les frais du voyage, répondait des accidents et enfin promettait une gratification de 1.000 francs. On ne pouvait manquer une occasion aussi favorable de visiter l'Oubanghi. On se mit donc en route le 10 mai. Le voyage devait durer dix jours au moins. Mais laissons la parole au R. P. Allaire.

* *

« A cause de la saison des eaux basses, nous allons ordinairement à petite pression. M. l'inspecteur me traite à bord aux conserves fines : cela ne fait pas de mal ; mais si je pouvais en donner la moitié au P. Moreau resté seul à Saint-Louis, j'en serais doublement heureux. M. l'inspecteur me demande de ne jamais dépasser trois heures pour camper, et surtout de ne jamais camper dans les villages. Nous n'avons qu'un soldat, et si ces anthropophages venaient nous attaquer la nuit !... Je fais mon possible pour contenter mon hôte et concilier ses intérêts avec ceux du bateau, car, bien entendu, je reste capitaine et je puis m'arrêter quand je veux.

« En route, nous touchons une fois les cailloux, mais sans accidents graves. Je prends, heure par heure, la route sur mon carnet : cela servira plus tard. Nous arrivons enfin le septième jour sans avoir abordé à aucun village où j'avais cependant l'intention de racheter des enfants, si c'était possible ; ce sera pour le retour.

« Nous nous arrêtons à Modzaka. C'est là qu'en 1886 les Bondjos attaquèrent M. Dolisie, qui perdit ses trois pirogues pleines de marchandises et dut se sauver à la nage avec une énorme sagaïe dans le flanc. En faisant l'appel de ses hommes, il constata qu'il en manquait six ; ils avaient été dévorés par les indigènes.

« J'apprends à Modzaka que M. Musi a été mangé, lui avec douze de ses hommes. Il revenait de brûler un village quand dans un bois les indigènes tombent sur les vainqueurs. Ceux-ci, manquant de cartouches, deviennent les victimes des terribles anthropophages.

* *

« Je me décide à monter jusqu'à Ngombé. La pointe qui

porte ce nom est une agglomération de sept ou huit grands villages Bondjos qui s'unissent pour faire la guerre à leurs voisins. C'est surtout dans cette région que l'on extrait le fer et le cuivre pour en fabriquer des armes et des outils. Ces gens ont une habileté extraordinaire et avec un outillage tout primitif, ils arrivent à faire des choses merveilleuses.

« Durant plusieurs jours, j'allai de village en village, accompagné de deux laptots armés que le commandant de la canonnière *l'Oubanghi* avait mis à ma disposition. Partout le chef me prenait la main, disant qu'il voulait être mon frère de sang. J'acceptais, puisque c'est là la coutume. Le chef et moi mâchions de la noix de kola pendant qu'on nous faisait une légère incision dans le bras droit. Quand le sang coula des deux côtés, nous nous mîmes à frotter nos blessures l'une contre l'autre, en protestant ensemble que nous serons toujours amis à la vie à la mort, et surtout que nous ne nous ferons jamais la guerre. Puis je crachai ma noix de kola sur la blessure du chef, lui en fait de même sur mon bras, et nous voilà frères de sang.

« Dans les premiers villages surtout, beaucoup d'enfants. Si j'avais pu en trouver un moribond pour lui donner le baptême ! Mais je n'ai pas eu cette consolation. Ces enfants, nés pour la plupart sur les rives du Congo, ont été vendus dans l'Oubanghi. Ils sont destinés à la boucherie.

« Chemin faisant, je remarquai beaucoup de colliers faits avec des dents humaines, des incisives surtout. Ils servent d'ornements aux femmes.

« La cuisine ordinaire me parut aussi avoir une odeur très agréable. J'appris que dans l'huile de palme dont ils se servent pour apprêter leurs aliments les Bondjos mettent de la graisse humaine.

« Leurs femmes sont extrêmement habiles à désarticuler les membres ou à dépecer un cadavre.

« Je n'ai pu découvrir aucune trace de culte, aucune idée de la divinité. Les fétiches même sont rares chez eux, du moins autant que j'ai pu voir dans ce premier voyage. Ils n'estiment que la force musculaire, les belles lances, les boucliers solides, la chair humaine à manger. Ne leur parlez pas d'autre chose.

*\
* *

« Je passai ma dernière nuit sur le bateau, résolu à partir le lendemain pour Liranga. Dès le matin un chef, voyant mes préparatifs, vint me trouver.

« — Tu ne viens pas chez nous, me dit-il ; mes hommes veulent te voir, tu pourras avoir des esclaves ; viens avec ton bateau devant mon village qui est là-bas : tu monteras des marchandises en haut, et mes gens, à la vue de tes étoffes et de tes perles, t'amèneront des enfants. »

« Sans défiance, je répondis à son invitation et me rendis avec le *Léon XIII* à l'endroit désigné. Le village, situé à 10 mètres au-dessus des eaux, comme tous les villages Bondjos, était fortifié : le côté donnant sur la rivière avait été taillé à pic par la main des sauvages : on ne pouvait y monter qu'à l'aide d'une immense perche, et l'ascension nécessitait l'emploi des pieds et des mains. Il était aussi défendu par une palissade de troncs d'arbres, ne permettant à personne de s'y introduire, et entouré d'un immense fossé, large de dix mètres et profond de six. Je me hissai tant bien que mal, à l'aide de la perche ; les marchandises arrivèrent plus difficilement. Aussitôt une soixantaine de Bondjos m'enveloppent et me mènent au milieu de leurs cases. Par précaution, j'avais pris mon fusil et mis une cartouche dans la poche de ma soutane. Je ne remarquai pas d'abord l'absence presque complète de femmes et d'enfants, absence de mauvais augure en pareille circonstance. Après avoir fait solennellement l'échange du sang avec le chef, celui-ci me donna à comprendre par mon interprète que je devais lui offrir un cadeau, ainsi qu'à chacun de ses hommes; il nous donnerait ensuite des esclaves. « Tu veux un cadeau ? Voilà, lui dis-je, en le servant bien ; maintenant, voyons les enfants ! car je ne puis faire un cadeau à chacun ; faites venir les esclaves, je serai généreux pour la rançon. »

« Les hommes se récrient : je leur réponds, et, pendant la conversation, l'un d'eux m'examine la main. Croyant qu'il n'avait pas encore vu de blanc et qu'il voulait pénétrer le mystère qui faisait que ma peau était blanche, tandis que la sienne était noire, je le laissai faire ; mais, au bout de dix minutes, ne pouvant nous entendre et constatant qu'il n'y avait rien à espérer, je donnai l'ordre à mes hommes de redescendre les marchandises. A peine levé pour me retirer, les indigènes s'éloignent et se rendent d'une façon peu commune dans leurs cases. Bien que je n'eusse aucun soupçon, je ne me sentais pas à l'aise.

« Viens, me dit le chef, qui vit peut-être mon étonnement. Viens, ajouta-t-il, en me prenant la main gauche, retourne à ton bateau ; puisque tu ne veux pas donner de cadeau à mes hommes, ils ne veulent pas te donner des enfants ; je vais avec toi ; à moi, tu me donneras bien quelque chose. »

« Le silence régnait dans tout le village; plus de femmes, pas un seul enfant, quelques noirs seulement qui bâillaient nonchalamment au soleil. Je remarquai bien des pointes de lances qui s'agitaient derrière les cases. Pendant ce temps, un de mes hommes me suivait : nous étions à la berge. Dans la main droite, je serrais mon fusil ; le chef me tenait la main gauche, en signe d'amitié. Avant de me hasarder sur la perche par laquelle je devais descendre, je regardai derrière. Que vois-je ? A deux pas de nous, un géant qui s'était avancé sans bruit, brandissant sa terrible lance, et allait en percer mon compagnon. Sans réfléchir, je braque mon fusil non chargé sur cet assassin qui, pris de peur, recule et jette son arme. Au même instant, le chef qui me tenait par la main me pousse dans l'espace d'une hauteur de 10 mètres. Que se passa-t-il pendant dix secondes ? Je ne sais. Quand je fus sur pied, revenu à moi, je ne me sentis pas blessé. J'avais gardé précieusement mon fusil dans ma chute ; une touffe de grandes herbes m'abritait. Je regardai autour de moi, je vis du sang. Les terribles Bondjos s'escrimaient avec leurs lances sur mes hommes, qui, affolés de terreur, se jetaient dans l'eau pour se faire un rempart du bateau mouillé devant le village.

« C'est fini, me dis-je ; dans deux minutes, ce sera le froid de leurs couteaux et la chaleur de leur marmite. Je me souvins alors de ma cartouche. Le bruit que je fis, en chargeant mon fusil, attira leur attention. Une lance est projetée sur moi, je l'évite en faisant un bond de côté qui me met hors de ma cachette ; à tout hasard, je fais feu au-dessus de la tête de ces pauvres cannibales qui commençaient à chanter victoire. Effrayés, ils reculent et s'enfuient. Dix mètres me séparent encore du bateau, et plus de cartouches. Je crie à mes hommes de tirer avec le fusil et des cartouches restés à bord, car eux ne sont pas prêtres et peuvent tuer ; d'ailleurs, c'est un cas de légitime défense et le seul moyen de sauver mes hommes, mon bateau et ma propre vie. Je marche à reculons, faisant mine de charger mon arme ; à force de bonds à droite et

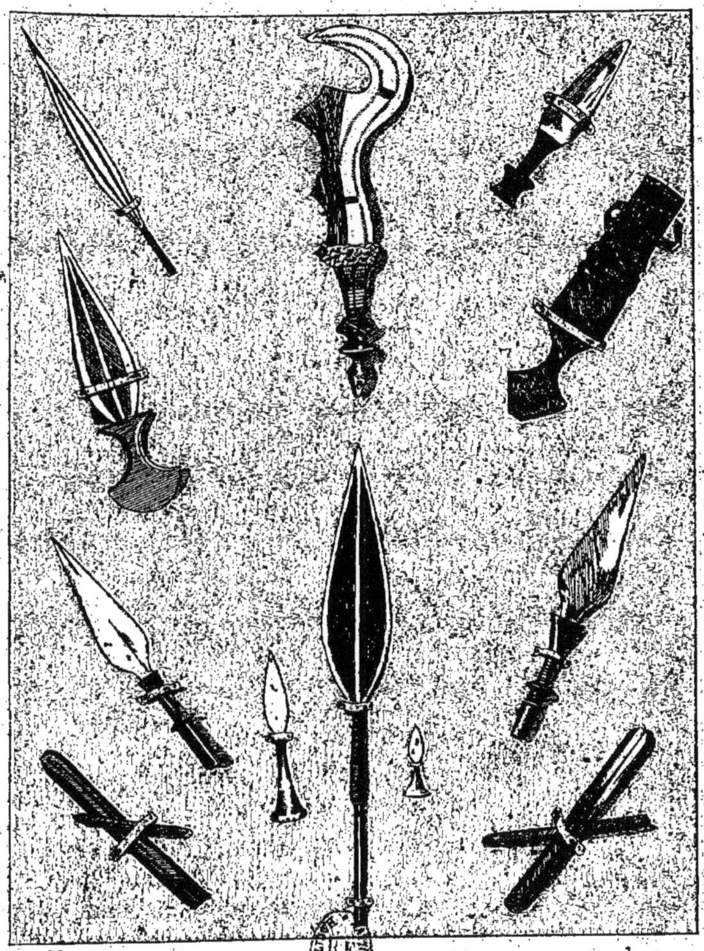

Piques, lances, couteau du sacrificateur.

à gauche, j'évite plus de vingt lances qu'on dirige sur moi. Je me jette à l'eau, face à l'ennemi, et passe mon fusil à mes hommes. Les détonations deviennent plus fréquentes. Je tourne le dos pour sauter à bord. Je suis sauvé.

« — Qui est-ce qui manque ?

« — Personne.

« — Mais j'ai vu du sang : combien de morts ?

« — Pas un.

« — Et de blessés ?

« — Un seul, qui est ici.

« — En route, alors.

« — Comment, s'écrie mon interprète, tu t'en vas ?

« — Mais, malheureux, que veux-tu faire ? Veux-tu donc mourir ?

« — Oh ! mourir, non, s'écrie-t-il ; mais piller le village, parbleu ! Maintenant que les deux fusils parlent, c'est facile.

« — Peut-être, mais je suis missionnaire, et si les autres blancs font ainsi, moi je ne puis pas.

« — C'est curieux, ajouta-t-il d'un air désappointé ; ils ont voulu te manger et tu ne veux pas te venger d'eux.

« Il allait s'éloigner, puis, se ravisant :

« — Voyons, me dit-il, quand tes marchandises sont arrivées là-haut, ils ont dit : « Il va nous donner un cadeau à chacun, sinon tout à l'heure nous allons tout prendre. » Ensuite, celui qui a examiné ta main a dit aux autres : « Ça va être bien bon, il n'a pas de peau, je ne vois que de la graisse. » Et maintenant que tu es le plus fort avec tes deux fusils, tu les laisses, et nous n'aurons rien, nous ? Tu es un drôle de blanc et je ne reviens plus avec toi.

« — A ta guise, mon ami ; moi-même je ne suis pas fâché d'avoir des interprètes qui me mettent en garde quand il y va de ma vie. »

« Un quart d'heure après, le village avait disparu à nos yeux ; j'avais un peu plus d'expérience et moins de confiance dans les interprètes, dont, à l'heure actuelle, je ne me sers plus jamais. Depuis lors, quand je voyage, j'ai toujours un revolver dans ma poche et six fusils à bord du *Léon XIII* ; ces fusils qui, d'ailleurs, ne tueront jamais personne, savent mieux que tout discours inspirer le respect aux indigènes et leur persuader qu'il ne faut pas chercher à nous nuire.

« Là ne se bornent point les scènes tragiques dont j'ai été témoin dans l'Oubanghi, que j'ai remonté le premier comme missionnaire.

« En allant, je m'étais arrêté au village de Bouiele : le chef, à qui j'avais fait un cadeau, m'avait promis une chèvre pour mon retour. A la descente, je donnai l'ordre d'accoster ; mais on me fit remarquer de loin que, durant cette absence, le village avait été brûlé ; certaines cases fumaient encore. Qu'importe ! je veux visiter les ruines. J'escalade la berge avec deux hommes : le silence de la mort règne dans ce lieu de désolation ; nous avons devant les yeux les horreurs du vandalisme le plus sauvage : pas une seule case intacte, pas un seul bananier debout ; rien, absolument rien que des ruines. Ce que le vainqueur n'a pu prendre, il l'a brûlé ou brisé.

« Mais que vois-je ? Des cadavres sans tête, de pauvres femmes, de petits enfants de sept à huit ans, tous décapités, le corps labouré par des coups de lances. Ce spectacle d'horreur me fait frissonner. Les Bondjos étaient tombés à l'improviste pendant la nuit sur le malheureux village ; les victimes avaient été trop nombreuses pour que le vainqueur pût les emporter toutes pour le festin de la victoire ; il avait pris les têtes, afin de connaître exactement le nombre des corps à manger, et sans doute il se disposait à revenir la nuit chercher les cadavres qu'il avait dû laisser.

« Voilà ce que j'ai constaté par moi-même dans mon premier voyage dans l'Oubanghi ; je n'ai assisté, paraît-il, qu'à des scènes journalières, car ces Bondjos sont les cannibales les plus féroces qu'on puisse imaginer. Ils ne reculent même pas devant le meurtre d'un ami, s'ils le trouvent désarmé et sans défense.

« Quatre jours après, j'étais auprès du P. Moreau. A cette heure, le village où j'ai été attaqué doit être rasé et brûlé complètement par les autorités belges ; car c'est sur leur territoire que ces faits se sont passés. »

CHAPITRE IX

VOYAGE DANS LE ROUKI ET LA LOULONGA

(1890).

« Je vous ai raconté, écrivait le P. Allaire le 26 septembre 1890, le voyage que j'ai fait parmi ces chers paroissiens de l'Oubanghi qui ont voulu me mettre à la broche. Aujourd'hui je vous parlerai d'un voyage plus pacifique que j'ai entrepris pour racheter de petits esclaves.

« Partant de Liranga, je pouvais me rendre soit dans le Rouki, soit dans la Loulonga, deux rivières se jetant dans le Congo, où l'on m'assurait que je trouverais de nombreux enfants. Je me décidai à commencer par le Rouki qui est plus près, bien qu'il soit moins sûr, à cause de la férocité des habitants.

« Quand j'arrivai au premier village, tous les indigènes avec leurs flèches vinrent m'empêcher d'accoster : ce que j'aurais fait malgré leurs menaces si les hommes de mon équipage n'eussent été aussi peureux. Pas un n'osait mettre les pieds hors du *Léon XIII*... Du reste, on me refusait des enfants. Après deux jours de pourparlers inutiles, je me décidai à monter dans la Loulonga.

« Au premier village, à l'entrée de la rivière, je trouvai un petit enfant moribond que je m'empressai de baptiser, tout en ayant l'air de lui donner des remèdes pour ne pas effrayer les parents. J'augurai bien d'un voyage qui débutait par le salut d'une âme.

**

« Les habitants de la rivière Loulonga m'ont semblé assez timides, mais d'une rigueur inouïe vis-à-vis de leurs esclaves. Ceux dont la fidélité leur inspire des craintes sont amarrés solidement de manière à leur rendre toute fuite impossible. Quelquefois on n'attache que les deux mains, plus souvent les pieds et les mains. Un autre système qui me semble plus barbare et que j'ai vu, c'est d'amarrer la main droite au cou et la main gauche avec le pied gauche. Et dire qu'il y a des esclaves qui passent des mois entiers dans cette position ! J'ai eu le bonheur de pouvoir délivrer deux de ces pauvres esclaves amarrés. J'ai voulu moi-même couper leurs liens, et quand ils se sont sentis libres, tous deux m'ont pris la main en me disant : Tu seras notre Père ! — Je leur ai offert de retourner chez eux. Ils ont préféré rester avec moi et sont maintenant à notre Mission de Liranga. »

C'est dans cette rivière que, l'année précédente, le P. Allaire avait racheté le petit Ilanga. Le missionnaire l'avait emmené avec lui dans ce nouveau voyage, et on lira au chapitre suivant le touchant épisode de la rencontre de la mère et de l'enfant.

**

Dans une autre lettre du mois de décembre 1890, le P. Allaire raconte à l'une de ses bienfaitrices du Mans le rachat d'une petite fille :

« Dans mon dernier voyage, j'ai racheté à votre intention une petite fille de 8 à 10 ans. Elle est actuellement à la Mission, confiée aux bons soins d'une femme âgée. Si nous voulons avoir plus tard des ménages chrétiens, nous devons penser à faire élever chrétiennement des petites filles. Je pense que nous ne tarderons pas à avoir à Brazzaville des Sœurs européennes pour s'occuper de leur éducation.

« La petite rachetée à votre intention se nomme Mpassaï. Un jour, j'arrive dans un village, à peu près à cent lieues de Liranga, et je fais connaître aux indigènes mon intention de racheter des petits garçons, quand le chef vient à moi avec une esclave qu'il me veut donner en cadeau. La pauvre enfant n'avait pour tout costume, selon l'usage de la contrée, qu'un morceau de feuille de bananier. Je fais remarquer au chef que je ne voulais que des petits garçons et pas de petites filles. — La petite, qui m'avait compris, me dit d'un ton suppliant : Blanc, prends-moi donc ; tu verras que je suis bonne. — N'ayant pas l'intention de racheter de petites filles, je renvoyai le chef avec son esclave. Le lendemain matin, le chef de revenir avec la petite Mpassaï. Même refus que la veille, et l'enfant de se mettre à pleurer. Dès lors je ne pus résister et je rachetai Mpassaï à votre intention...

« Dites-moi le nom que vous désirez que je lui donne quand elle sera assez instruite pour recevoir le baptême ; et, si faire se peut, envoyez-moi une belle image pleine de couleurs vives que je lui donnerai en votre nom et en lui parlant de vous. »

Plus tard l'enfant reçut au baptême le nom de Marie-Scholastique. « Nous sommes très contents d'elle, écrivait le P. Allaire. Elle est toujours à la Mission de Liranga, car les Sœurs qui devaient venir avec Monseigneur Augouard, ne sont pas encore arrivées. Nous avons même l'intention de l'établir prochainement, elle est plus âgée que je ne le croyais d'abord. »

R. P. ALLAIRE

CHAPITRE X

Il existe une loi indigène, assez en vigueur dans tout le Congo et l'Oubanghi, que je vais signaler en passant. Cette loi veut que tout voleur pris en flagrant délit devienne de droit l'esclave de celui qu'il a volé. Chez les noirs, ravir le bien d'autrui n'est pas défendu ; ce qui est mal et seul mal, c'est d'être pris. Avec cette loi, que d'enfants ont été victimes de ruses ! Un indigène place quelques bananes ou autres fruits sur le bord d'un sentier et va se mettre à l'affût en se cachant soigneusement dans les herbes. Deux ou trois personnes passent sans toucher aux fruits ; mais un jeune esclave que son maître laisse courir, et qui se procure sa nourriture comme il peut, voit les bananes et cède à la tentation. Il se persuade que ces fruits n'appartiennent à personne et se met à les savourer. Le bandit qui le guette sort de sa cachette : impossible de nier. Le pauvre petit est pris sur le fait, et le voilà l'esclave d'un nouveau maître, qui, pour n'avoir pas maille à partir avec le maître précédent, se hâte de s'en défaire. Seuls, les petits enfants se laissent prendre en assez grand nombre à ce piège ; mais que leur importe de changer de chef !

« La force étant la grande loi de ces sauvages, il arrive

très fréquemment qu'on se saisit sans raison d'un enfant, parce qu'on le trouve tout seul et sans défense. Un fait donnera une idée des habitudes de la grande tribu des Lolos, celle qui fournit le plus d'esclaves.

« J'avais, en 1890, à la Mission de Liranga, un petit enfant âgé d'environ 12 ans, que j'avais rendu à la liberté un an auparavant. Il s'appelait Ilanga et, à l'époque dont je parle, il avait reçu le baptême après avoir été instruit.

« J'étais bien petit, me racontait-il, quand un jour, sortant du village avec ma mère qui allait planter du manioc, je lui demandai que, durant son travail, elle me permît d'aller cueillir dans la forêt des *matoi*, fruits d'une liane à caoutchouc, dont les enfants sont très friands.

— « Va, me dit-elle, mais fais bien attention et reviens vite.

« Je partis en courant ; mais à peine avais-je fait cinquante pas, que trois hommes m'entourent, me lient et m'emportent. Le lendemain, je fus vendu dans un village que je n'avais jamais vu ; j'étais devenu esclave, et avec les chefs, me disait naïvement Ilanga, ce n'est plus comme avec la mère : on n'a pas autant à manger. Quelque temps après, je fus acheté par un autre chef ; celui-là était meilleur ; mais il ne me garda pas longtemps, et je passai en d'autres mains ; j'ai ainsi appartenu à six maîtres. Une des femmes du dernier étant morte, j'entendis pendant la nuit, tandis qu'on me croyait endormi, dire qu'on projetait de me couper la tête quand la lune serait grande, afin que j'aille rejoindre cette femme. Cela se passait trois ou quatre jours avant que toi, Père, tu vinsses avec ton bateau. Mon chef, attiré par tes belles étoffes, ton cuivre et tes perles de couleur, m'a vendu à toi. En te voyant, j'ai d'abord eu bien peur, car tu as une grande barbe, et chez nous, il n'y a que les chefs qui aient un peu de barbe, et tous les chefs sont méchants ; mais maintenant, Père, je suis content d'être avec toi ; tu nous donnes bien à manger, tu nous as dit que nous pourrions aller au ciel et que, quand tu mourrais, on ne tuerait pas les enfants qui sont à la Mission.

« —Eh bien, dis-je un jour à Ilanga, dans un mois je retournerai dans la rivière où je t'ai trouvé ; j'irai très loin, très loin pour racheter d'autres enfants ; veux-tu venir avec moi ? Nous irons voir ta mère.

« — Oh ! je veux bien, me répondit l'enfant ; mais, ajouta-t-il avec découragement, ma mère, nous ne la trouverons pas, je ne la reverrai jamais. Elle est restée dans mon village, et tu ne peux y aller avec ton bateau ; on n'y arrive, je me le rappelle, qu'avec de toutes petites pirogues, et il faut encore marcher ensuite pendant deux jours dans les grandes herbes, avec de l'eau jusqu'à la ceinture. Je ne verrai plus ma mère. C'est bien fini. »

« Un mois plus tard, Ilanga s'embarquait sur le *Léon XIII*. Je le chargeai même de la machine pour faire avant et arrière, stopper et se mettre en marche. Il fallait voir avec quelle ponctualité cet enfant de 12 ans répétait et exécutait tous les commandements. Un matin, après une nuit calme passée devant un village, la vapeur étant sous pression, je donnai l'ordre de lever l'ancre et me rendis au porte-voix, près de la barre. En passant, je vois Ilanga à son poste, avec le sérieux accoutumé qui marquait toute la responsabilité qu'il assumait dans l'exercice de ses hautes fonctions. Je commande au porte-voix un tour en arrière, pour nous éloigner de la rive. Contre son ordinaire, Ilanga ne répond pas et la machine reste inerte. — Il n'aura pas entendu, pensai-je, et je répétai plus fort mon commandement. Rien ne bougea. C'était extraordinaire, car Ilanga eût plutôt mis deux fois la machine en mouvement, afin de prouver aux indigènes qu'il connaissait son métier. Je commande de nouveau, en criant cette fois ; rien non plus. Impatienté, je quitte le gouvernail pour voir ce que faisait mon jeune mécanicien : pauvre petit, il était là comme pétrifié sur son siège, les yeux grands ouverts, le bras étendu vers une femme qui s'était dirigée vers le bateau et qui venait de l'accoster.

« — Ma mère ! me cria-t-il, ma mère ! voilà ma mère ! »

« L'histoire du pauvre enfant volé et à laquelle je ne songeais plus, me revint tout à coup à la mémoire. Là mère, la pauvre femme, était là, me regardant avec des yeux suppliants, et je crus y lire cette prière : « Oh ! laissez-moi toucher encore l'enfant qu'on m'a volé. » J'étais ému jusqu'aux larmes.

« — Ilanga, dis à ta mère de monter à bord ; je vais lui faire des cadeaux ; tiens, mon cher enfant, voilà pour ta mère, cela aussi et encore cela. »

« Puis, je les laissai seuls, retardant le départ. Mon devoir, en cette circonstance, était de ne plus les séparer. J'appelai Ilanga.

« — Tu sais, mon cher enfant, combien le Père aime les enfants qu'il a rendus libres ; tu es resté deux ans avec moi. Tout à l'heure, ta mère t'a demandé, en te disant que tu étais devenu grand et fort : « Il est donc bon ce Blanc ? » Oui, redis-lui que je suis bon, que je t'aime, que je t'ai appris à connaître le bon Dieu et le ciel ; et puisque la divine Providence vous a réunis aujourd'hui, pour votre bonheur, je veux que vous restiez ensemble ; Ilanga, reste avec ta mère. Quand je reviendrai dans la rivière, je m'arrêterai toujours ici pour te revoir.

« — Oh ! Père, s'écrie Ilanga, tu ne veux plus de moi ? Pourquoi ? Est-ce que j'ai fait mal ?

« — Cher petit, non. Je ne suis pas fâché contre toi, tu

le vois bien ; mais puisque tu retrouves ta mère à qui l'on t'a volé, tu dois rester avec elle.

« — Tu veux donc qu'on me tue ? réplique l'enfant. Tu ne comprends donc pas ? soupira-t-il tristement. On a brûlé mon village, on a pris ma mère et on l'a vendue. Quand le chef qui s'en est emparé mourra, on la tuera et moi de même, si je suis avec elle ; tandis qu'avec toi, Père, tu m'as dit que quand tu mourrais on ne me tuerait point. Oh ! Père, je t'en supplie, ne me chasse pas ! »

« Quelles infernales coutumes dans cette pauvre Afrique ! Une idée subite traversa mon esprit ; je venais d'apprendre que cette femme était esclave ; peut-être son maître voudrait-il s'en défaire. Je paierais une forte rançon, très forte même s'il le fallait, et la mère d'Ilanga deviendrait libre et resterait avec son enfant. Je fais venir le chef, un petit vieux avec des yeux méchants.

« — Tiens, lui dis-je, voici le double de la valeur de cette esclave ; avec toi, je ne veux pas marchander, prends. »

« Et je lui présentais des marchandises, étoffes, cuivres, perles, miroirs, verroterie, ferraille, pour une valeur de 300 francs.

« — Non, me répond en ricanant le petit chef, non, pas 300 francs.

« — Tiens, en voilà 400, et je l'emmène.

« — Non, non, reprend le chef ; elle est à moi, et je ne veux pas 400 francs. »

« J'hésitai un moment, cherchant à comprendre.

« — En voilà 500, et que ce soit fini.

« — Non, me répondit-il d'un air narquois qui m'exaspérait, non, pas 500.

« J'offris 600, 800 francs ; j'allai jusqu'à 1000 fr., sûr de trouver, en France, une mère fortunée qui, apprenant le fait, m'aurait compris et m'aurait aidé à payer une aussi forte rançon. Mais l'être à qui je m'adressais n'avait pas un cœur d'homme. Me regardant avec des yeux étincelants, où il me sembla lire toute la malédiction qui pèse sur les descendants de Cham :

« — Tu as l'enfant, tu n'auras jamais la mère. Quand je mourrai, il me faut des esclaves forts pour mourir avec moi. »

« Et, saisissant un bâton, il en frappa brutalement la malheureuse, en lui ordonnant de regagner sa case au plus vite. Il me fallut toute l'énergie de mon âme de prêtre pour ne pas envoyer à ce bandit une balle dans la tête ! »

CHAPITRE XI

A son départ pour la France, Mgr Augouard avait confié au P. Allaire la direction du *Léon XIII.* Dès lors, tout en restant attaché à la Mission de Saint-Louis dont il était supérieur, notre missionnaire passa une grande partie de sa vie en voyages, tantôt pour conduire les nouveaux missionnaires à leur résidence, tantôt, comme nous l'avons déjà vu, pour aller racheter au loin des enfants esclaves, ou encore pour ravitailler la Mission en lui procurant les vivres nécessaires. Nous voulons reproduire les observations qu'il avait faites sur l'éléphant d'Afrique.

« La première fois qu'on se trouve en sa présence, un premier mouvement de stupeur vous laisse votre fusil immobile dans les mains. Ces oreilles qui atteignent parfois jusqu'à 1 m. 50 et qui s'agitent lentement comme deux immenses éventails, un corps volumineux dont le dos colossal ne pourrait passer sans se courber sous des plafonds de 3 et 4 mètres de hauteur, cette masse énorme que l'on croirait si pesante et qui se remue avec une souplesse pleine d'élégance, tout cela vous arracherait facilement un cri d'admiration mélangé d'une crainte respectueuse.

« Après cette première impression, on épaule son fusil, le coup part et quatre-vingt-dix-neuf fois sur cent, l'éléphant court encore. Après quelques pas précipités, l'animal que l'on a manqué s'arrête pour regarder l'endroit d'où le coup est parti ; s'il vous aperçoit, il prend ordinairement la fuite. Vous pouvez alors courir après lui, pauvre pygmée. Là où le colosse a pu passer si facilement, tout vous arrête à chaque pas. Les lianes se sont remises en place. Comment a-t-il pu passer sans vous laisser de chemin ? Je n'en sais rien, mais le fait est là, et je l'ai constaté.

« C'est en 1890 que je me trouvai pour la première fois en présence de cet énorme animal. Je conduisais à Modzaka, sur le *Léon XIII*, M. Berthon, inspecteur des postes français. Un jour, à peu près à mi-chemin, je fus obligé de terminer la navigation à deux heures de l'après-midi, faute de combustible pour le vapeur. Je saute à terre pour conduire les hommes couper du bois dans la forêt. Il y avait de nombreuses traces fraîches laissées par les éléphants. La pensée me vint de procurer à nos hommes des provisions de viande fraîche. Je prends donc fusil et cartouches, et me voilà parti en compagnie d'un Gabonnais armé qui devait me guider à travers les forêts et les hautes herbes des plaines. Nous marchions depuis près d'une heure quand, au sortir d'un petit ruisseau, le noir me fit remarquer des traces toutes fraîches. Dix minutes plus tard, il se jette vivement en arrière, me faisant signe de me baisser. A trente mètres devant nous, deux éléphants, surpris sans doute par le bruit insolite de notre marche, s'étaient retournés et nous faisaient face. J'avoue que mon cœur battait un peu fort. Pourtant nous épaulons, et tous deux nous visons le plus gros. Un cri strident répond à nos deux détonations.

L'animal fond sur nous en faisant trembler la terre sous le poids de sa masse. Nous nous jetons dans une mare qui se trouvait là, et après avoir pataugé dans une vase infecte l'espace d'un quart d'heure, nous atteignons le bord opposé. Tout était rentré dans le silence. Je grimpe sur un arbre pour voir la direction qu'avaient prise nos deux bêtes. A cent mètres environ, j'aperçois le gros éléphant tombé à terre, faisant des efforts pour se relever, et le plus petit, qui avait bien 2 m. 50 de hauteur, allant et venant comme un fou furieux, labourant le sol qu'il projette au loin avec ses défenses, puis revenant à sa mère, jetant sa trompe autour de son cou pour l'aider à se remettre sur pied, se couchant auprès d'elle pour lui permettre de prendre un point d'appui, s'arc-boutant lui-même pour la pousser. Vraiment j'étais émerveillé. Je restai là en contemplation plus d'un quart d'heure. Le jeune éléphant employa tous les moyens; il donnait même à sa mère des coups de trompe, sans doute pour l'exciter. Il lui arrangeait les pattes de diverses manières pour l'aider à se relever... Voyant ses efforts inutiles, il s'élançait soudain, tout furieux, humant bruyamment l'air avec sa trompe et labourant toujours le sol avec ses terribles défenses. Un moment le blessé parvint à se mettre sur ses genoux de devant. Impitoyable que j'étais, j'épuisai sur lui les six cartouches qui me restaient, sans vouloir tirer sur l'enfant. J'avais un éléphant, cela me suffisait. Mais comment approcher de ma victime, en présence de son gardien? Je n'avais plus de cartouches; il se faisait tard. Nous rentrons au campement, dans la pensée que le jeune éléphant s'éloignerait pendant la nuit et que le lendemain mes hommes n'auraient qu'à prendre les morceaux qui leur conviendraient le mieux.

« Quel ne fut pas notre étonnement quand, revenu de bon

matin, je retrouvai le jeune éléphant faisant la garde autour du cadavre de sa mère ! A notre arrivée, loin de s'éloigner, il se rapprocha du cadavre. Puisque nous voulions des provisions, il n'y avait pas à hésiter : l'enfant tomba bientôt sur le corps de sa mère, et nos hommes prirent la quantité de viande qu'ils voulurent, à leur choix. Nous partîmes, laissant plus de 1.000 kilog. de chair aux oiseaux de proie qui arrivaient déjà de tous côtés.

« Un peu plus tard, en redescendant la rivière, je m'arrêtai au même campement. La curiosité me poussa jusqu'à l'endroit de notre chasse. J'y avais d'ailleurs laissé des lanières de peau que je désirais emporter. Quel ne fut pas mon étonnement de ne rien retrouver en place ! Durant mon absence, d'autres éléphants étaient venus (leurs traces étaient visibles) ; ils avaient recouvert d'herbes et de racines les ossements décharnés abandonnés par les oiseaux de proie.

« J'ai dit qu'ordinairement un éléphant blessé cherche à fuir. Souvent aussi il vient contre son agresseur, et malheur à l'homme s'il ne s'est préparé un refuge ! Je sais un chasseur noir de Brazzaville qui, ayant tiré un éléphant, se réfugia sur un arbre. Le terrible pachyderme vint à l'arbre qu'il secoua violemment. Le pauvre noir, affolé, tient bon et se réfugie à la cime de l'arbre pour n'être pas cueilli comme un fruit par la terrible trompe. L'éléphant avec sa masse puissante redouble ses efforts jusqu'à ce que l'arbre cède et tombe avec son fardeau. Le noir n'a pas eu le temps de se relever que l'éléphant lui porte un coup de défense qui le transperce.

« Deux cris de l'éléphant me sont bien connus : le premier, une sorte de grognement qui ressemble beaucoup au rugissement de la panthère ; le second, un cri aigu et perçant, qu'imite assez bien la sirène d'un bateau à vapeur. Je serais porté à croire que le premier cri qui vous remue jusqu'au fond des entrailles exprimerait le mécontentement, tandis que le second qui vous fait dresser les cheveux sur la tête serait l'expression de la colère.

« Dans mes voyages, j'ai rencontré souvent des troupes de dix ou quinze éléphants ; une fois même, j'en ai vu une trentaine au moins ensemble. Il y en avait des grands, des petits, des bruns, de plus foncés, quelques-uns avec une seule défense, d'autres avec une défense cassée.

« De Brazzaville à Liranga, de Liranga à Banghi, les éléphants abondent. La Sangha en est remplie. J'ai souvent ouï dire à M. Chaussé, le grand chasseur de l'Afrique centrale et qui est resté quelque temps à la tête d'une factorerie dans l'Oubanghi, qu'il n'a jamais pu à Modzaka s'enfoncer deux heures dans la brousse sans rencontrer l'éléphant. A Brazzaville même, à l'heure actuelle, on en fait un véritable massacre. En trois mois, un seul chasseur en a tué plus de cent. On devrait, ce me semble, prendre les petits pour les apprivoiser : ils deviendraient sans doute de précieux auxiliaires.

« A la Mission catholique de Liranga, les bêtes sauvages et les éléphants en particulier faisaient de tels ravages dans nos plantations que nous avions creusé aux alentours une vingtaine de grands trous de quatre mètres de profondeur. Habilement dissimulés par quelques branches flexibles recouvertes de feuilles, ils devinrent assez souvent le tombeau des buffles, des sangliers et des antilopes, voire même parfois des éléphants, qui malheureusement trouvaient presque toujours moyen de se tirer d'affaire et d'échapper. Un beau matin cependant, on vint m'avertir qu'un petit éléphant était resté dans l'un des trous. On le ficelle comme on peut, et on le hisse hors de sa prison. Son premier mouvement, bien entendu, est de s'élancer vers la forêt. Tout avait été prévu, et un coup de corde qui lui prenait le bas de la patte le fait tomber sur ses genoux. Il se relève et s'élance sur moi. Je saisis sa trompe qu'il cherche à dégager. On me vient en aide et nous parvenons à le maîtriser. D'abord il faut le pousser rudement ; mais bientôt il se laisse conduire, et nous l'amarrons solidement. Pensant qu'il devait avoir soif, je fais apporter de l'eau. Nous avions remarqué qu'il s'était abîmé toute la mâchoire inférieure en mordant en désespéré les aspérités pierreuses du trou dans lequel il était tombé. Dès que l'eau fut apportée, il se servit aussitôt de sa petite trompe comme d'un appareil aspirant et foulant. Il nettoya sa plaie d'abord, puis s'administra des douches sur les flancs à droite et à gauche, sur le dos et même sous le ventre. Nous étions dans l'admiration. Lui ne paraissait nullement gêné de faire sa toilette en public, devant plus de deux cents spectateurs.

« Le pauvre petit était de la taille d'un fort veau de quatre à cinq mois, mais plus gros. Deux jours après sa capture, il venait déjà prendre dans ma main les fruits que je lui présentais.

« Malgré les soins que nous prîmes de sa plaie, le mal empira et, au grand regret de tous, il mourut, détruisant les beaux rêves que nous formions pour l'avenir.

« Pour moi, je ne doute point que l'éléphant d'Afrique ne puisse se domestiquer, et cela très facilement ; mais il faut s'en occuper : cela en vaut la peine...

« Quant à la chair de l'éléphant, je n'en ai mangé que deux fois en dix ans, disait le P. Allaire à Paris. C'est bien coriace. Il nous arrive de tuer de temps en temps des hippopotames. Leur viande ressemble à celle du bœuf ; c'est un régal pour nos pauvres enfants et une grande joie pour nous, quand nous pouvons leur en procurer. »

En 1892, le P. Allaire ramena de Brazzaville un nouveau confrère destiné à la Mission de Liranga, le P. Sallaz. Une lettre de ce dernier nous permet d'assister jour par jour aux péripéties d'un voyage sur le Congo et à l'une de ces chasses à l'hippopotame :

« Un mardi matin, fête de saint Gabriel, 1892, nous nous embarquons sous la protection de cet archange. Le P. Allaire, en sa qualité de capitaine, surveille le chargement et les derniers préparatifs. La machine chauffe pendant ce temps, et quand elle est sous pression, tout est prêt pour le départ. Au commandement de : *En route*, notre petit vapeur quitte le rivage. Après les trois coups de sifflet réglementaires, nous courons à toute vapeur vers notre nouvelle destination ; nous arriverons dans dix jours.

« Dans la première heure, chacun cherche à s'installer de son mieux. Les hommes du bord sont à l'avant ; ils vont se reposer en attendant le moment de couper du bois pour la machine. Pas de charbon : on chauffe au bois coupé pendant les haltes. Le P. Allaire est à son poste, qu'il ne peut quitter maintenant, car jusqu'à la sortie du *Pool* nous avons des passes difficiles à traverser. Au premier moment libre, il m'indique mes fonctions. Elles se résument : 1° à donner le signal des exercices, le sifflet remplacera la cloche ; 2° à m'occuper de la cuisine. Les choses ainsi établies, nous continuons à cheminer jusque vers quatre heures et demie. — Stop ! fait le capitaine. Aussitôt le mécanicien d'arrêter l'hélice, le chauffeur de mettre à bas les feux, et nous accostons à un banc de sable recouvert d'herbes vertes ; c'est là que nous passerons la nuit.

« En descendant à terre, nous remarquons de nombreuses traces d'hippopotames. Le sol a été piétiné par ces énormes quadrupèdes ; nous les voyons bientôt apparaître sur le fleuve. Ils viennent protester par leurs grognements formidables contre cette usurpation de territoire. Ce sont de dangereux voisins pour la nuit, dit le P. Allaire ; et, ce disant, il leur envoie quelques décharges pour les tenir à une respectueuse distance. Nous avons encore assez de bois pour le lendemain, nos hommes n'ont donc pas à en couper. Ils se groupent autour d'un bon feu et ne tardent pas à s'endormir. De notre côté, nous installons nos lits sur les bancs du *Léon XIII*. Nous arrivons ainsi au point du jour sans autre incident que d'avoir été souvent réveillés par les hippopotames qui ne veulent pas se résigner de bonne grâce à nous voir dormir tranquilles chez eux.

« Le matin de bonne heure, le feu est à la chaudière ; en moins d'une demi-heure la pression est assez élevée pour nous permettre de commencer une nouvelle journée de navigation. Tout le monde s'embarque, et en avant ! A moins de rencontrer un banc de sable ou des rochers, à moins de recevoir une tornade, notre journée se passera tranquillement, et nous pourrons examiner à loisir les collines tantôt boisées, tantôt nues et arides, qui bordent les deux rives du Congo. Mais le capitaine n'a pas autant de loisirs ; sa fonction est loin d'être une sinécure. Au campement il doit surveiller les hommes qui dans la forêt abattent le bois de chauffage. En route, c'est à lui de veiller à ne pas échouer. Le P. Allaire connaît son chemin, il sait éviter les passages dangereux, et quand un écueil inconnu vient arrêter notre marché, vite, sur son commandement, les hommes sautent à l'eau et dégagent le bateau. Vienne un bon coup de vent, une tornade : la position est alors plus difficile. Il ne faut pas songer à accoster ; le rivage souvent ne s'y prête pas, et l'on risquerait de voir endommager le bateau par la violence des vagues. Le mieux alors est de se tenir au large et de gouverner de manière à couper la lame avant qu'elle ne frappe les flancs de l'embarcation. On n'avance pas ; tout au plus se tient-on en équilibre. Au milieu de la tempête, le missionnaire aime à se souvenir qu'il est là, non pas pour ses propres affaires, mais pour celles de Dieu en qui il met sa confiance.

« Trois jours après notre départ, nous étions au Kassaï, à la Mission des Pères belges du Cœur-Immaculé de Marie. Nous fûmes accueillis en amis, et le lendemain nous avions le bonheur de célébrer la sainte Messe pour la fête de l'Annonciation de la très sainte Vierge.

« Dans les deux journées qui suivent, nous campons à des villages situés sur la rive belge. Dans le premier, nous rencontrons des gens qui ne tiennent guère à nous voir de trop près. Ils le témoignèrent au voyage suivant du P. Allaire, en le recevant sur le rivage, armés de sagaïes, lui enjoignant d'aller débarquer ailleurs. Pour cette fois cependant, ils nous laissent camper, mais non sans avoir cherché palabre à nos noirs qui font du bois.

« Nous trouvons des gens plus sympathiques à Bolobo, où nous passons la nuit suivante. A notre arrivée, une multitude d'enfants se pressent sur le rivage, faisant force commentaires sur le bateau « qui marche sans pagaies ». Quel grand bien pourraient faire des missionnaires catholiques dans ce grand village qui s'étend à plus d'une heure sur le bord du fleuve ! Mais, hélas ! les protestants ont déjà pris la place.

« Le lendemain matin nous arrivons dans le grand fleuve. On se croirait dans un lac immense. Nous avons passé plusieurs îles. Nous en aurons maintenant une quantité dont plusieurs sont d'une grande étendue et couvertes de forêts. Les collines qui bordaient le fleuve jusqu'au delà de Kassaï ont disparu. Le terrain est plat, souvent inondé, élevé quelquefois au-dessus du fleuve de deux à trois mètres seulement.

« Nous avons hâte de terminer notre voyage, et comme nous nous proposons de chasser l'hippopotame au canal de *Likeasy*, le P. Allaire anime le chauffeur et le mécanicien à redoubler de vitesse. Mais soudain une sonnerie de clairons retentit à nos oreilles et nous fait tressaillir. Nous répondons à ce salut par le cri de : « Vive la France ! » et bientôt nous voyons venir à nous M. Jusserod, agent du gouvernement, qui vient de s'arrêter au village de Kundja et se prépare à descendre en pirogue à Brazzaville, lui et ses hommes. Parti du Gabon, il a remonté l'Ogowé, puis est revenu rejoindre le Congo par la rivière la Sanga...

« Le lendemain, vers 4 heures du soir, nous atteignons l'entrée du canal. Il est trop tard pour commencer la chasse ; nous la remettons au jour suivant. Comme il s'agit d'approvisionner le garde-manger de nos enfants, le motif est plus que suffisant pour retarder notre arrivée à Saint-Louis.

« Au point du jour, tout est prêt. Nous partons, avec le vapeur, à la recherche de ces intéressants quadrupèdes dont plusieurs groupes, attirés par le bruit de la machine, laissent émerger une partie de leur tête à la surface du fleuve. Alors commencent les évolutions du vapeur, tantôt à droite, tantôt à gauche, en avant, en arrière, approchant des groupes qui se forment de tous côtés. Arrivés à une certaine distance, il est temps de viser ; mais il faut être adroit, car le rusé pachyderme ne laisse voir que l'extrémité du museau ; au premier coup de feu toutes les têtes disparaissent, et il faut chercher ailleurs. Mais le P. Allaire, avec son expérience, choisit dans le groupe l'animal le mieux à sa portée et tire ; tous se cachent, l'un d'eux

R. P. ALLAIRE.   6

toutefois ne plonge pas à la manière des autres Il est touché et bien touché. Sur les huit atteints par le plomb meurtrier, quelques-uns se comportent comme je viens de dire et se laissent couler à fond. D'autres, avant de terminer leur existence, font des gambades terribles, se tournent, se retournent les pattes en l'air, cherchent à s'élancer hors de l'eau. En ce moment il ne serait guère prudent de les approcher. Nous attendons que leurs corps morts reviennent flotter à la surface, ce qui n'arrive pas avant deux ou trois heures, et plus. Nous descendons le fleuve pour atteindre une berge assez élevée qui nous servira d'observatoire. Vers deux heures seulement, un de nos noirs nous en signale un au loin. Aussitôt de nous rendre au point indiqué. Nous lions l'animal par une patte et, tout en le laissant dans l'eau, nous gagnons un banc de sable voisin. Tiré à terre, les couteaux et les haches l'ont bientôt dépecé. Nos gens n'ont rien de plus pressé que de mettre à part pour eux le sang et tous les menus débris, car ils ne dédaignent rien de ce qui est viande. Nous leur abandonnons encore plusieurs morceaux. Il faut les voir se réjouir des grillades qu'ils feront pendant la nuit. Nous nous contentons de cet hippopotame dont les quartiers remplissent l'arrière du bateau et nous promettent une odeur qui n'a rien d'exquis pour le reste du voyage. En retournant à notre campement de la veille, nous voyons encore un hippopotame se débattre assez près de terre ; mais il est trop tard. Quant aux autres, nous en avons vu deux descendre le courant, les pattes en l'air, sans pouvoir les prendre. Peu importe, nos enfants auront de la nourriture pour quelques jours.

« Le lendemain, à peine le soleil éclaire-t-il notre route que le *Léon XIII* est prêt. Nous allons à toute vapeur pour arriver ce soir même. Vers 5 heures nous sommes

au port, où nous attendent le P. Moreau, le Frère Savi-
nien, accompagnés de toute la petite famille pour qui le
retour du *Léon XIII* est toujours un événement joyeux.
Aussi il faut voir tous ces enfants gais et alertes s'emparer
des charges que nous leur passons et les porter aux em-
placements désignés ! Le bateau vide ses caisses et autres
objets, puis vient le tour de l'hippopotame, dont la vue
les fait bondir d'aise et ne laisse pas insensible le Père
économe, toujours soucieux de bien garnir la gamelle
de ses enfants. Pendant ce travail de déchargement, ils
aiment à répéter les différents commandements du capitaine. *En avant, doucement, en route, stop*, leur sont des
expressions familières.

« ... Je me plais avec ces pauvres enfants arrachés par
la guerre à leur famille et à leur pays natal. Ils ont déjà
tout vu et tout supporté. Tel enfant tout jeune me raconte
que son village a été pillé ; les hommes et les femmes
tués ou conduits en esclavage. Les petits enfants qui ne
pouvaient marcher reçurent un coup de sagaïe et furent
laissés là ; les autres furent emmenés. Pour lui, resté
seul, il erra pendant trois jours dans la forêt, se cachant
au moindre bruit ; mais que faire ainsi seul à six ans ? Il
ne tarda pas à être pris. Heureusement que le Père Allaire
s'est fait son libérateur. Autrement il aurait pu avoir le
sort de tant de ses compagnons achetés pour être mangés
comme de vulgaires cabris... Vous comprendrez le mérite
du P. Allaire qui, au péril de sa vie, s'engage bien haut
dans les rivières pour délivrer ces pauvres êtres et leur
procurer avec la grâce du baptême le bienfait d'une éducation chrétienne. »

Des accidents vinrent plus d'une fois augmenter les
difficultés ordinaires de ces voyages. « Au mois d'avril
1892, écrit le P. Allaire, je venais de conduire avec le

Léon XIII M. Dybowski, l'explorateur du Haut-Oubanghi. Arrivé à Brazzaville, je vis M. Maistre, autre explorateur, qui doit aller jusqu'au lac Tchad. Le second de l'expédition, M. Clozel, prend passage à mon bord jusqu'à Liranga. Nous voilà en route quand, le troisième jour, le cylindre de la machine se casse. Jugez de notre situation ! Je travaille jour et nuit pendant 48 heures. Je consolide les morceaux de mon cylindre comme je puis, et nous voilà de nouveau en route, mais bien doucement, car à chaque instant le cylindre pouvait éclater. Nous arrivons quand même : il n'y a rien de tel que de ne jamais désespérer. Les mécaniciens du gouvernement me disent que j'ai été bien audacieux de naviguer en de pareilles conditions ; mais qui ne risque rien n'a rien. Arrivé à Liranga, j'ai travaillé un mois et demi à remettre le bateau en bon état, en attendant un nouveau cylindre qui a été commandé en Europe. »

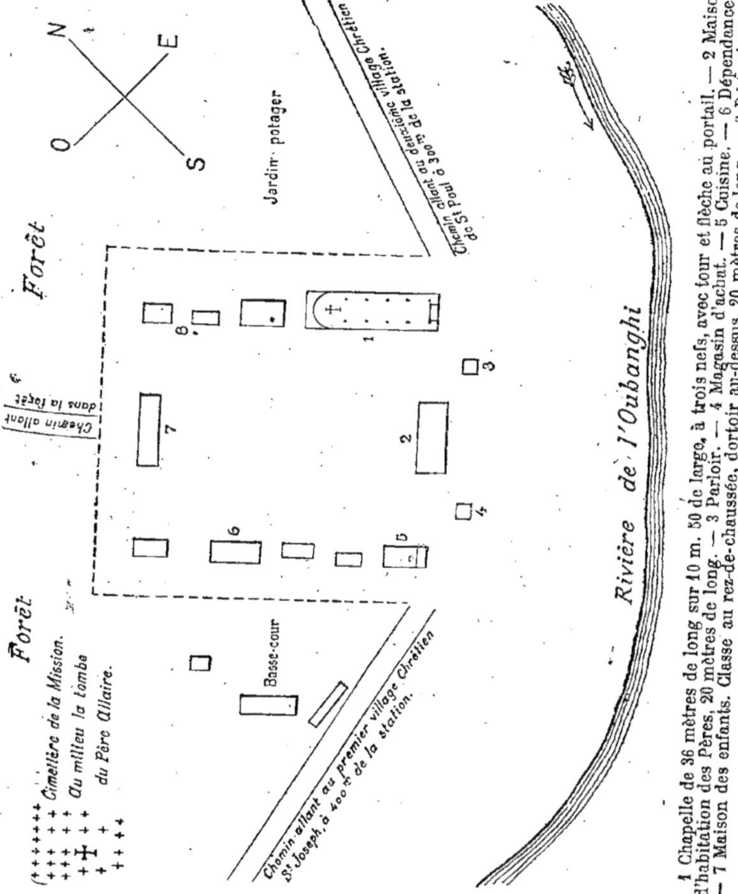

N. B. — Toutes ces constructions sont en briques cuites faites à la Mission.

La maison d'habitation des Pères est à 60 m. environ de la rivière.

Le chemin conduisant à l'intérieur et ceux qui conduisent aux deux villages chrétiens ont chacun 6 m. de large et ont été faits par la Mission.

L'abord et les alentours de l'établissement sont plantés de palmiers.

La forêt, derrière la station, n'a encore que du bois de demi-taille, car le terrain avai été défriché et planté par les indigènes il y a quelques années.

CHAPITRE XII

En 1890, la Sacrée Congrégation de la Propagande décida
de partager le Congo français en deux vicariats. Le premier resta sous la juridiction de Mgr Carrie, en résidence à
Loango. Le nouveau vicariat de l'Oubanghi reçut pour
titulaire le Supérieur de celte Mission, le R. P. Augouard,
qui reçut la consécration épiscopale à Paris, le 23 novembre 1890. Cette nouvelle, prévue depuis longtemps,
causa une grande joie aux missionnaires de Brazzaville et
de Saint-Louis de l'Oubanghi ; elle manifestait à tous le
développement de l'apostolat catholique dans ces immenses contrées idolâtres où, quelques années auparavant,
il n'y avait pas un seul prêtre.

Parti de Loango le 4 mai 1891, Mgr Augouard fut dès
le premier jour atteint de la dysenterie qui l'avait réduit
à toute extrémité l'année précédente. Au bout de six jours
de marche pénible dans les affreux chemins des caravanes, il dut prendre le parti de revenir à la côte.
Mgr Carrie voulut le faire embarquer pour la France. Le
noble malade refusa énergiquement, et fit un vœu au
Sacré Cœur. Au bout de quinze jours, il put reprendre le
chemin de l'intérieur.

Nous n'avons pas à dire les honneurs et les témoignages de sympathie dont le nouvel évêque fut l'objet à Brazzaville. Depuis presqu'un mois le P. Allaire l'y attendait, avec le *Léon XIII* qui avait fait sa toilette et qui était prêt à partir. Laissons le P. Moreau nous faire le récit de ces fêtes si douces au cœur du missionnaire.

« Après s'être reposé cinq ou six jours seulement dans sa résidence épiscopale, Monseigneur s'embarqua sur notre gracieux *Léon XIII*. À Saint-Louis, tout fut mis en œuvre pour le recevoir aussi dignement qu'il était en notre pouvoir. Nous voulions lui donner ce témoignage sincère, filial, de notre dévouement. Nous voulions aussi donner par là aux noirs une idée élevée de la religion catholique.

« Une première difficulté, c'était le peu de ressources que nous offrait la Mission. Nous y suppléerons en nous ingéniant.

« Une autre difficulté était que, manquant de chambres, il nous fallait prendre celle qui servait de chapelle pour la donner à Monseigneur. Elle était d'ailleurs devenue trop petite ; on se mit donc à en construire une plus spacieuse. Elle fut achevée après trois semaines d'un travail pénible et sous une chaleur qui faillit mettre notre cervelle en ébullition.

« La plus grande difficulté était qu'ignorant le jour exact de l'arrivée de Monseigneur, nous ne pouvions rien établir à demeure. D'un autre côté, à partir du moment où l'on apercevrait le *Léon XIII* jusqu'au moment où il toucherait le port, nous n'avions pas le temps de rien installer de convenable. Comment parer à cet inconvénient ?

« Le Père Allaire nous promit qu'il s'arrangerait de façon à camper, à deux heures seulement de la Mission, la veille de son arrivée, dans la soirée. Et là, pendant la nuit, il nous expédierait un exprès par une petite pirogue qu'il emmenait à cette intention avec trois noirs à bord. Mais

Monseigneur connaît très bien la route et la marche des bateaux. Si l'on arrivait de bonne heure au campement, n'ordonnera-il pas de continuer vers Saint-Louis, pour y arriver avant la nuit?

« Le Père Allaire promit d'empêcher à tout prix ce contre-temps. — Dussé-je, dit-il, dévisser un joint et nécessiter un arrêt d'une demi-journée, on n'arrivera pas ici avant que vous n'ayez été prévenu à temps. — Or qui connaît le Père Allaire sait qu'il est capable de tenir une promesse.

« Le Père Allaire était parti. Pendant son absence, nous avions terminé la chapelle. Avant son départ, le cher Père avait passé 15 jours à travailler, d'arrache-pied, à la confection de trois statues d'argile, quasi-grandeur naturelle. Comme vous le voyez, ce bon missionnaire est aussi un artiste. Mais s'il avait terminé la sculpture, il n'avait pas eu le temps de les peindre et de les orner. Il me fit promettre de les décorer moi-même, surtout celle du Sacré Cœur. Je dus m'exécuter, et vive la peinture ! Malgré mon talent plus que novice, j'arrivai à peu près, sauf les yeux de saint Joseph que je ne pus arriver à rendre clairs. Que mon saint Patron me le pardonne ! Que voulez-vous ? en Afrique, on ose tout faire, surtout quand on a de si beaux exemples sous les yeux.

« Aussitôt sèches, nous plaçâmes triomphalement nos trois statues dans notre chapelle, le Sacré Cœur au-dessus de l'autel, la sainte Vierge et saint Joseph à droite et à gauche. Franchement, si vous nous aviez vus après cette opération, le Frère et moi, vous vous seriez demandé si nous n'étions pas un peu fous.

« Cependant notre joie naïve n'était rien auprès de celle de nos enfants, après leur premier étonnement. Il est impossible de décrire les mouvements de stupéfaction et de joie qui couraient tour à tour sur les figures de nos négrillons. Vous dire toutes les explications que chacun demandait, toutes leurs réflexions ! Pour cela il faudrait longtemps.

« Un petit enfant d'une dizaine d'années s'approche et me dit : Père, quand est-ce que le petit garçon il va joindre les mains ? — Il me montrait l'Enfant Jésus que Marie tenait sur ses bras et qui a les mains étendues. — Un autre le lendemain me demandait : Que mangent-ils donc ces blancs-là ? Ils avaient cependant vu le P. Allaire les façonner en argile. — Alors ils se disaient les uns aux autres : Tiens, il a des yeux comme un homme... et des oreilles aussi ! —Leur enthousiasme ne connaissait pas de bornes en voyant les beaux pagnes que nous leur avions donnés. Pauvres enfants, ils n'avaient jamais rien vu de si beau. La nouvelle se répandit aux environs, et tous les jours les païens demandaient à voir les *blancs du bon Dieu*. Je leur ouvrais la porte de la chapelle, et eux, se tenant respectueusement en dehors, faisaient leurs réflexions encore plus curieuses. L'un d'eux me demanda depuis combien de temps étaient venus ces quatre nouveaux blancs. Ils n'oubliaient pas de compter l'Enfant Jésus. Le but que nous nous proposions de donner un objet sensible à la religion de nos chrétiens était donc rempli.

Les statues et la chapelle terminées, nous commençons les préparatifs pour la réception de notre Evêque, afin que l'on pût tout monter en quelques heures. Mais nous nous étions déjà trop fatigués. Nous tombons tous les deux malades, le Frère et moi. En avant la quinine et les purgatifs ! Nous commencions à nous remettre, lorsque je sentis en moi des symptômes de dysenterie. Nouvelle médication, et je m'en tirai encore cette fois.

« Enfin, dans la nuit du 4 au 5 juillet, la petite pirogue

nous arriva avec un billet du P. Allaire et une malle contenant divers objets qui nous manquaient : surplis, barrettes, soutanes rouges, ornements, chape, etc. Il était deux heures du matin. Vous comprenez sans peine que nous n'essayâmes pas de dormir. A l'ouvrage ! Nous commençons à installer nos décorations, et voilà qu'au jour, lorsque les enfants se réveillent, ils aperçoivent un arc de triomphe surmonté de cinq pavillons aux armes de l'Eglise, de la France et de la Mission. En avant on lit : *Tu es Sacerdos magnus !* Au fond brillent les armes de notre Vicaire apostolique peintes par le P. Allaire, et envoyées pendant la nuit. Mais pas de temps à perdre ! Tout n'est pas terminé; grands et petits bras sont réquisitionnés ; chacun se démène avec une agitation fébrile et impatiente.

« Enfin tout est fini. Il n'est que temps. A 8 heures, le sifflet du *Léon XIII* se fait entendre. Le bateau arrive. Nos plus grands saluent Monseigneur par sept coups de vieux fusils que je leur avais distribués. Nos enfants restent sur deux rangs devant l'arc de triomphe, pendant que Frère Elie et moi nous allons recevoir Sa Grandeur au débarcadère du petit port. »

« Le Père Allaire avait tenu à ce que je me montrasse pour la première fois en costume de cérémonie, écrit de son côté Mgr Augouard, et, de fait, rien ne saurait peindre l'étonnement naïf de nos petits cannibales. Avec quelle joie aussi je me retrouvais enfin au milieu des anthropophages, mes véritables diocésains !

« Aussitôt débarqué au port de la Mission, je revêtis les ornements pontificaux, et on vit se dérouler pour la première fois à l'Oubanghi une procession épiscopale. »

« Au chant du *Benedictus*, continue le P. Moreau, nous

conduisons Sa Grandeur à la chapelle et nous recevons sa bénédiction solennelle.

« Comme tout cela était splendide pour nous, plus magnifique encore pour nos enfants qui pour la première fois contemplaient un évêque, mitre en tête et crosse à la main, admirant surtout la chape qui fait l'étonnement de tous les noirs !

« Monseigneur, le P. Allaire et le P. Faure célébrèrent successivement la sainte Messe. Après la Messe, on causa. Il y avait tant de choses à se dire de chaque côté ! Puis on arriva au voyage sur le *Léon XIII.* « Ce brave petit bateau, écrit Mgr Augouard, fier sans doute d'avoir à son bord son constructeur et premier évêque, marchait à toute vapeur et déjouait tous les calculs. Le P. Allaire avait beau surveiller la chaufferie, ménager de petits arrêts, prétexter une réparation ou un graissage : le *Léon XIII* regagnait immédiatement le temps perdu.

« Enfin le brave P. Allaire, voyant bien que je m'apercevais de ses ruses, dut diminuer la vapeur pour une raison quelconque, car on filait toujours d'une façon désespérante. Nous étions au neuvième jour de notre départ de Brazzaville, et jamais les bateaux n'avaient mis si peu de temps. « Voyons, lui dis-je, allez-y carrément. Je vois bien que vous ne voulez pas arriver aujourd'hui à Saint-Louis : j'en ai pris mon parti. » J'acceptai donc de camper dans un endroit qui paraissait du reste très favorable, et on y jeta l'ancre. »

« Je devais quitter Saint-Louis, écrit le P. Moreau. Ce fut fait six jours après. Le 8 juillet, j'étais à bord du *Léon XIII* avec Monseigneur qui en avait pris le commandement, pendant que le Frère Élie dirigeait la machine. Je suis venu à Brazzaville, d'abord pour me reposer, puis aussi pour être mis à la tête des constructions pour les Sœurs que nous attendons dans dix mois. »

Avant de quitter Saint-Louis de l'Oubanghi, faisons
connaître les projets que le P. Allaire expose dans l'une
de ses lettres et qu'il réalisa quelques années plus tard :

« Nous voulons, écrivait-il, faire des maisons en briques, car jusqu'à présent nous n'avons logé que dans des
maisons provisoires en bambous. Or, pour faire nos constructions, il faut d'abord chercher de l'argile, façonner
les briques, les cuire, faire le maçon ; puis, quand les murs
seront achevés, nous devrons aller dans la forêt abattre
des arbres, afin de faire des poutres et des planches pour
la charpente. Enfin nous façonnerons des tuiles pour la
toiture. Jugez du travail, car tout doit passer par nos mains,
les indigènes qui nous aident n'ayant aucune notion de
nos constructions. La maison des missionnaires doit avoir
20 mètres sur 8, celle des enfants 30 mètres sur 8, la chapelle 30 mètres sur 10. Il y aura de plus cuisine, magasin
et atelier. »

Après avoir visité avec admiration la Mission de Saint-
Louis, le duc d'Uzès écrit à sa mère : « Le P. Allaire est à
la fois mécanicien, sculpteur, charpentier et bien d'autres
choses encore. Mécanicien, car les Pères ont un petit
vapeur qui va chercher les enfants un peu partout le long
du fleuve et fait communiquer ensemble les deux Missions
de Brazzaville et de Liranga. Sculpteur, le P. Allaire l'est
aussi, puisque pour sa chapelle il a fait des statues un peu
dans le genre de celles qu'on voit aux devantures des mar-
chands d'objets de piété, assez bien faites d'ailleurs ; Pot-
tier soutenait même que le Père les avait fait venir de
Paris. »

CHAPITRE XIII

(1892)

Les *Annales de la Prapagation de la Foi* (juillet 1893)
ont publié un rapport du P. Allaire à son évêque, Monseigneur Augouard, sur les excursions apostoliques qu'il
venait d'accomplir. Nous en publions quelques extraits :

« La plupart des enfants destinés à être dévorés par les
anthropophages de l'Oubanghi proviennent des rivières
équatoriales du Congo belge. Je me suis donc dirigé cette
fois vers la rivière Baringa et ses affluents pour y trouver
des enfants à racheter.

« Je passe d'abord à la station de l'Equateur où M. Lemaire,
commissaire du district, me reçoit avec amabilité et me
donne tous les renseignements nécessaires. Il forme les
vœux les plus sincères pour la réussite de mon entreprise ; mais aussi il me fait part de ses craintes. Tout le
Baringa est en guerre, me dit-il, et vous courez grand
risque ou d'être mal reçu par les indigènes, ou de ne
rencontrer personne. A l'approche de votre bateau, tout
le monde fuira. — Au moins, lui répondis-je, j'irai
voir.

« Aux Bandakas, je dus m'arrêter pour payer la douane,

car c'est la première connaissance que font les indigènes avec la civilisation européenne. Je dus donc acquitter des droits pour toutes les marchandises que j'emporte et qui consistent en fil de cuivre, étoffes, perles, miroirs, cuillers, clochettes, grelots, tout un attirail de brocanteur. Ici l'argent est inconnu. Un bout de fil de cuivre en tient lieu. C'est assez gênant : 100 francs en cette monnaie pèsent au moins 50 kilos.

« Au poste de Massankusu où je n'arrivai que le septième jour de mon voyage, M. Peters m'accueille également de la façon la plus cordiale, en me disant : Vous ne trouverez probablement personne ; car tous les villages de la rive sont abandonnés, et les indigènes se sont retirés à 5 ou 6 lieues dans l'intérieur, où ils sont plus en sûreté.

« Je continue quand même mon voyage. J'avais pris avec moi trois enfants de notre Mission de Saint-Louis que j'avais rachetés dans cette même rivière au cours d'une précédente excursion. Quelques grands chefs connaissaient déjà le *Léon XIII*. Je pouvais espérer, malgré les craintes exprimées par ces Messieurs, avoir accès au moins dans quelques villages.

« Le lendemain, j'étais à Waka, premier village où l'on peut racheter des enfants. Aussitôt que le vapeur est signalé, tous les indigènes de se sauver en emportant ce qu'ils ont de plus précieux ; et comme ils ne possèdent pas grand'chose, leur bagage est peu gênant. Dans tous les cas, ce ne sont pas leurs vêtements qui les empêchent de courir dans les broussailles.

« Malgré la fuite des indigènes, j'accoste cependant au village. Voilà 200 cases vides à ma disposition pour y passer la nuit. Quand je dis case, je suis encore au-dessus de la réalité. Ces sauvages sont à peu près nomades et vivent au jour le jour. Le fil de laiton et les perles qu'ils

possèdent sont enfouis dans un endroit connu d'eux seuls.
Aussi une simple toiture de paille très basse leur sert
d'abri; pas de séparations, pas de cloisons; c'est la vie en
famille.

« J'attends que les plus hardis veuillent bien entrer en
communication avec nous; car, bien que n'apercevant
personne, je sais que nous sommes étroitement surveillés.
C'est même le moment de redoubler d'attention, afin de
n'être pas surpris par les sagaïes, parties silencieusement
des broussailles. On ne calomnie pas ces bons sauvages
en disant qu'avec eux on peut s'attendre à tout.

« Au bout d'un quart d'heure, quelquefois d'une demi-
heure, retentit au loin le fameux *Onko na*? Qui va là? —
Un de mes hommes prend la parole et dit : Je suis un tel!
— Et moi, dit l'autre dans le lointain, je suis un tel! —
Mon homme reprend : Je suis venu avec un tel. (Il faut
que tout le monde y passe.) Le blanc qui est là, c'est un
tel! — Qu'est-ce qu'il veut, ce blanc-là? Pourquoi vient-il
avec son bateau à fumée, si ce n'est pas pour faire la guerre?
— La conversation continue longtemps sur ce ton; mais
enfin, les promesses aidant, la crainte se dissipe, le village
se repeuple; peu à peu on approche, on cause et les indigènes sont les premiers à rire de leur frayeur; mais surtout on entoure le blanc sur lequel on formule les appré-
ciations les plus bizarres et pas toujours les plus flatteuses.

« J'entre alors en scène, et je fais connaître le but de ma
venue, en expliquant que je prendrai de préférence les
enfants malades, maigres ou les plus malheureux. On me
fait de belles promesses pour le lendemain, car il se fait
déjà tard.

« Le soir venu, je rassemble les jeunes gens de la Mission
qui m'accompagnent, et c'est avec bonheur que nous nous
agenouillons sur ce coin de terre où peut-être encore per-

sonne n'a prié le bon Dieu. Nous faisons notre prière du soir, et nous nous mettons sous la protection de nos bons Anges, car pendant la nuit nous sommes absolument à la merci des sauvages.

« Parmi les indigènes qui nous observent, les uns fuient précipitamment, les autres rient de nous. Voyant pour la première fois faire une prière, ils ne pouvaient soupçonner de quoi il s'agissait. Je profite de l'occasion pour leur parler du bon Dieu. C'est une petite semence que je jette en passant. Puisse-t-elle produire des fruits !

« Le lendemain matin, on m'amène un petit esclave. En voyant ma peau blanche et ma grande barbe, il eut peur; mais les enfants de la Mission qui étaient avec moi le tranquillisèrent. Veux-tu venir avec moi ? lui dis-je ; tu ne seras plus esclave. On ne te maltraitera plus ; et quand je mourrai, personne ne te coupera la tête. Le petit bon- homme, encouragé, ne se fait pas prier pour dire oui. Je prends alors mon couteau et, au grand ébahissement des indigènes, je coupe les liens qui l'attachaient. — Non, me crient-ils, ne coupe pas les lianes, il va se sauver. — J'explique alors que le petit esclave est aussi libre que moi, qu'ils ont grand tort de voler des enfants pour en faire des esclaves, et plus grand tort encore de les tuer. Je heurtais des coutumes trop anciennes pour être acceptées.

« Les prévisions de ces Messieurs de l'Etat indépendant se réalisèrent pendant ce premier voyage. Tous les vil- lages étaient déserts. Force me fut donc de me hasarder dans l'intérieur, et au prix de quelles fatigues ! Dieu seul le sait. Je vais vous faire le récit d'une de ces intéres- santes excursions chez les Mangos.

* *

« J'avais avec moi Ngondo, un enfant de la Mission que

R. P. ALLAIRE.   7 j'avais racheté il y a trois ans dans cette même rivière. Un jour le *Léon XIII* filait rapidement. Je comptais arriver le soir à un village connu, important marché d'esclaves, quand Ngondo, qui examinait la rive avec attention depuis une demi-heure, vient à moi et me dit : Père, voilà l'endroit où, il y a 36 lunes, tu as coupé les lianes qui attachaient mes pieds et mes mains : tu ne t'en souviens plus ? — Je reconnais de fait l'emplacement, mais le village avait disparu. — Eh bien ! lui dis-je, maintenant que tu es libre, veux-tu retourner à ton village ? — Ah ! Père, te quitter ? Non, jamais. Seulement, si tu veux, je puis te conduire à un village où tu trouveras beaucoup d'enfants. — Est-ce que le village est bien loin dans l'intérieur ? — Non, répond Ngondo ; il est maintenant 10 heures : nous pourrons être revenus ce soir, car tu nous as dit que demain c'était grande fête. — Je les avais en effet avertis que nous étions à la veille de la fête du Saint Cœur de Marie, fête patronale de notre Congrégation. — Nous abordons à la rive, et je donne un quart d'heure pour manger, puis en route. Nous n'étions que cinq, y compris Ngondo. Les autres restent à la garde du bateau. Sur la demande de Ngondo, les hommes prennent des fusils, mais seul j'aurai des cartouches. Nous n'emportions aucune provision, puisque nous comptions revenir le soir. Nous marchions allègrement, les noirs fredonnant des airs du pays, moi les suivant en priant la Sainte Vierge de m'aider dans mon œuvre de rachat. Tout à coup un des noirs qui marchait devant moi pousse un cri perçant, en portant la main à son pied que je vois ensanglanté. Je m'approche et je constate que mon homme s'était traversé la plante du pied avec ce que les sauvages appellent un *beiolo*. Les habitants des rives de la Baringa sont sans cesse en guerre avec leurs voisins. Pour n'être pas surpris, ils ont inventé le *beiolo*, petit bout de bambou très effilé, long de 10 à 15 centimètres. Ils en portent de petits paquets avec eux. Quand ils fuient ou quand ils craignent une incursion de l'ennemi, ils piquent ces petits morceaux de bambou dans les sentiers de façon que le bout pointu soit en l'air. Ils ont, de plus, imaginé, avec leur instinct de sauvages, de pratiquer deux petites entailles circulaires à l'extrémité du bambou pour le rendre cassant, et ils le trempent dans du jus de piment. Les indigènes, toujours pieds-nus, s'enfoncent ces bambous dans la plante du pied de tout le poids de leur corps, et voilà un homme hors de combat pour longtemps, car il faut parfois bien des semaines pour guérir pareilles blessures. Voilà ce qui venait d'arriver à mon compagnon. Je retirai de suite le bout de beiolo resté dans la plaie, j'enveloppai le pied malade avec des feuilles, et je fis retourner notre homme au bateau, me réservant de lui donner le soir un pansement plus complet. Nous nous remettons en marche péniblement, tantôt à travers d'épais fourrés, tantôt dans l'eau jusqu'à la ceinture, ou sautant de racines en racines pour ne pas rouler dans des trous profonds. Je n'ai pas besoin de dire que de tels voyages sont toujours des imprudences pour des Européens qui doivent en ces circonstances prendre de la quinine à forte dose.

« Nous marchions depuis trois heures, quand nous entendons retentir à cent mètres de nous le qui-vive des indigènes. *On Ko na ?* Qui va là ? — *Emi Ngondo*, c'est moi Ngondo, répond l'un de nos enfants. La sentinelle de crier alors : Voilà Ngondo ! En deux minutes tout le village savait qui nous étions. Le chef, un géant à l'œil farouche, vient de suite sans escorte. Je lui expose le but de mon voyage et je lui fais les cadeaux ordinaires dont il paraît peu satisfait. Il me promet cependant un enfant. J'attends une

heure, deux heures, et pas d'enfant. Je tenais à regagner le
vapeur pour la nuit, car seul avec mes trois compagnons
au milieu de ces sauvages, je ne me croyais qu'à demi en
sûreté. Et puis rien à manger, rien pour me couvrir pendant la nuit et, grâce à mon voyage quelque peu humide
du matin, je sentais le prélude d'une bonne fièvre. Je
voulais partir.

« Les indigènes me représentèrent que leur chef viendrait
certainement, mais que le village des enfants était loin.
Je m'aperçus alors que nous étions dans un village d'é-
claireurs chargés de donner l'alarme quand un ennemi se
présentait. Le vrai village est à trois heures d'ici. Il était
du reste trop tard pour regagner de jour notre vapeur, et,
la nuit, impossible de passer les marais. Que faire, sinon
prendre son mal en patience? Mais mon estomac criait
famine, et je sentais le frisson de la fièvre. Je demande à
manger. Ngondo va et vient; après avoir cherché de
tous côtés des provisions, il m'apporte trois œufs. Je les
casse séance tenante, et je constate, hélas ! qu'ils renfer-
maient des petits poulets. Malgré la faim, je sentis mon
estomac se révolter en face d'une pareille friandise, et j'en
fis le sacrifice. J'offris mes œufs à mon voisin qui les accepta avec reconnaissance et ne fit pas tant de façons que
moi pour leur trouver un logement. Je demande à Ngondo
ce que mangent les indigènes. Il me montre les feuilles
des arbres qu'on fait cuire. C'est à dessein qu'il ne se
trouve ici aucune plantation, afin que l'ennemi ne trouve
rien à manger. Il n'y avait pas à choisir, et je demande
à l'enfant de me faire cuire des feuilles. Quelque temps
après, Ngondo revient joyeux : Père, cette fois j'ai trouvé
quelque chose pour toi et c'est bon. Il me montre alors
une sorte de boule plus grosse que mes deux poings, remplie de belles chenilles velues et bien vivantes : il y en

avait bien deux cents. — En voyant mon air désappointé, il met la main dans le plat et en prend une demi-douzaine qu'il avale de suite sans les faire passer par le feu. Père, je t'assure que c'est très bon. — Feuilles et chenilles furent cuites ensemble à la manière des indigènes, c'est-à-dire dans une feuille verte, et le soir venu, j'en goûtais en me servant de mes doigts en guise de fourchette. La faim aidant, ce ne fut pas aussi nauséabond que je l'aurais pensé. En fait, c'était vigile et jeûne dans notre Congrégation. J'étais en règle.

« La nuit venue, je m'étendis sur le sol, sans couverture, et je fus pris par une bonne fièvre, sans pouvoir fermer l'œil. Aux premières lueurs du jour, j'étais en route avec l'enfant racheté. Je me rappellerai longtemps ce retour. Je tremblais de tous mes membres et, coûte que coûte, il fallut encore traverser les marigots avec de l'eau jusqu'à la ceinture. Quand j'arrivai, j'étais sans forces. Je m'administrai un vomitif : c'est tout ce que je fus capable de faire ce jour-là. Etendu sur la banquette qui me sert de couchette, je pensais à vous, Monseigneur, à notre Congrégation où tout le monde était en fête, et je priai pour unir mes fatigues aux louanges qui montent ce jour-là si nombreuses vers notre bonne Mère du ciel.

« Je voyageai ainsi pendant un mois ; malgré tout ce que je pus faire, il me fut impossible de racheter plus de sept petits enfants. »

CHAPITRE XIV

« L'une des œuvres les plus douces au cœur du missionnaire, écrit le P. Allaire, est certainement le rachat des pauvres esclaves. Les peines, les difficultés, je dirai même les dangers ne manquent pas ; mais quand on est en présence de ces petits êtres probablement destinés à la mort, et que les aumônes des âmes charitables permettent de payer leur rançon, avec quel bonheur le missionnaire coupe les amarres, signes de leur captivité ! Et quand il leur a dit que désormais ils sont libres, et qu'ils viennent avec leur simplicité enfantine se jeter dans ses bras, assurant qu'ils ne nous quitteront jamais, qu'ils le regarderont comme leur père, avec quelle effusion il remercie le bon Dieu qui a couronné ses travaux ! Avec quelle joie aussi les enfants de la Mission accueillent ces nouveaux venus, en qui ils reconnaissent souvent des compagnons de souffrance et de captivité, qui vont devenir leurs émules dans la connaissance et dans l'amour de Dieu !...

« Je fus plus heureux dans mon second voyage, et, grâce à l'aide bienveillante de M. Petters, de l'Etat indépendant, j'eus la consolation de ramener à Brazzaville vingt-six petits enfants, tant garçons que filles.

« Les indigènes, commençant à me connaître, avaient

moins peur de moi dans la rivière, et quand le *Léon XIII*
était signalé, on criait de loin : C'est Tendèrè Nzakouba
(c'est le blanc du bon Dieu), pour me distinguer des
blancs de l'ivoire. Les indigènes et les chefs accouraient
à ma rencontre, dans l'espoir de m'extorquer quelques
légers cadeaux. Je n'eus aucunement à me plaindre de
mes féroces riverains.

*
* *

« La rivière Lamaka, que je voulais visiter, est peu large ;
son courant très rapide et parsemé d'innombrables troncs
d'arbres rendait la navigation à vapeur très dangereuse.
Je laissai le *Léon XIII* à Massankusu, sous la garde des
officiers belges, et me voilà parti en pirogue à la pagaie.
Jamais blanc, paraît-il, n'avait remonté cette rivière ;
mais comme la réputation dont jouit *Boula Matadi* (Stanley) s'étend au loin, il suffisait d'annoncer ma présence
pour faire fuir tout le monde. Les plus hardis se cachaient
derrière un arbre pour me regarder, et déguerpissaient
aussitôt que je faisais mine d'aller à eux. L'un de ces
vaillants qui avaient osé me regarder fit à ses compagnons moins audacieux cette description de ma personne ;
elle m'a été rapportée par l'un de mes hommes : « Le
blanc, vous n'êtes pas allé le voir, et vous avez bien fait.
Voyez-vous, ce n'est pas comme nous. Chez lui, c'est de
l'étoffe. Ses bras c'est de l'étoffe ; ses jambes c'est de
l'étoffe partout. Il a bien une tête et deux mains ; mais
tout le reste, c'est de l'étoffe. Devant lui il a un fusil ;
derrière lui il a un fusil. Il a encore un fusil à droite et
un fusil à gauche. Il parle bien avec la bouche, mais
seuls ceux qui sont venus avec lui le comprennent. Je ne
sais pas comment il mange, car j'avais peur de rester

trop longtemps près de lui... » Bref, j'étais devenu un être
tellement incroyable, à cause de ma peau blanche, qu'au
bout de cinq jours tous ces sauvages devinrent invisibles
pour moi. J'aurais pu naviguer une quinzaine de jours
encore dans cette rivière. Dans l'impossibilité où j'étais
d'avoir des relations avec les indigènes, je revins en
arrière.

* *

« Outre les enfants, au sort desquels je m'intéressais plus
particulièrement, je pus constater que le nombre des
esclaves adultes est considérable. Ces pauvres malheureux
ont ordinairement les pieds et les mains pris dans deux
pièces de bois, ce qui leur rend tout mouvement pénible
et toute fuite impossible. Beaucoup me supplient de les
racheter ; mais comme l'Etat indépendant se réserve le
droit exclusif sur les grands esclaves, je dus me contenter d'engager leurs maîtres à les traiter avec moins de
rigueur. Une fois cependant, je crus de mon devoir d'in-
tervenir directement, et voici dans quelle circonstance.

Un soir, nous étions arrêtés à un petit village pour y
passer la nuit. J'avais installé de mon mieux tout mon
petit monde, car c'est toute une affaire que d'être en
voyage à la tête de vingt-six petits sauvages qui ne connaissent que le droit du plus fort, et qui trouvent tout
naturel de se disputer à qui aura la meilleure place. Il
faut quelquefois se fâcher ; il faut plus souvent encore
faire l'office de bonne maman et veiller à ce que les petits
n'aient pas trop froid. Il commençait à faire nuit, et je
récitais tranquillement mon chapelet, quand on m'apporte
un solide gaillard d'une trentaine d'années. On me prie
de l'acheter. — Non, répondis-je, vous savez bien que je
ne veux que des petits enfants. Cet homme-là est trop

grand; je n'en veux pas. — Ces hommes, trompés dans leur attente, se résolurent à passer la nuit au village, car l'obscurité était déjà trop grande pour voyager dans la forêt. Le maître, trouvant que les cordes qui amarraient les mains de son esclave n'étaient pas suffisantes, saisit de grosses lianes et lie les deux pieds du malheureux de façon que les doigts soient en face les uns des autres sans se toucher. Il lui amarre les mains en les tordant semblablement.

« Mon chapelet fini, je vais m'étendre sur ma couverture, quand j'entends, non loin de moi, des gémissements qui se renouvellent à chaque instant. D'abord je n'y fais pas attention. A la fin, impatienté, je me lève pour voir ce qu'il y avait. C'était le pauvre esclave que j'avais refusé de racheter. Je réveille son maître qui dormait à côté, d'un profond sommeil, et je lui adresse des reproches. Lui de me répondre : Tu ne comprends donc pas que s'il pouvait remuer pieds et mains, lui qui est fort, il parviendrait à tirer ses lianes et à s'enfuir ! S'il souffre, cela ne fait rien, c'est un esclave; il n'en mourra pas. — Le maître allait se remettre à dormir, quand, outré de tant d'impudence, je saisis mon couteau, je me baisse vers le malheureux et lui coupe tous ses liens. Puis, me tournant vers le maître qui me regardait ahuri : Combien veux-tu pour cet homme ? — Cent baguettes de laiton. — Je paie séance tenante. — Cet homme est libre, dis-je au maître ; il n'est plus à toi. — Puis, m'adressant au malheureux noir : Demain tu pourras retourner dans ton village. Viens, je vais te donner à manger et tu dormiras. Si tu le préfères, tu peux partir de suite.

« Le lendemain matin, l'esclave libéré attendait mon réveil et, me parlant du ton le plus suppliant : Hier, tu m'as dit de retourner dans mon village. Eh bien, blanc,

mon village c'est toi ; c'est toi qui as coupé mes liens. —
Non, répondis-je, j'ai payé ta rançon, mais tu es libre et
tu ne me dois absolument rien. Va-t'en. Tu es trop
grand pour que je te prenne avec moi. — Moi m'en
aller ! reprend-il d'un ton désespéré, non, jamais. Je te
suivrai partout où tu iras, jusqu'à ce que tu me battes de
façon à ne plus pouvoir marcher. — Il semblait parler si
sincèrement que je le laissai monter dans le bateau. Il se
tenait constamment à mes côtés pour me donner ce dont
j'avais besoin. Il était bien grand, mais je le voyais dans de
si bonnes dispositions que j'avais l'intention de le placer
à notre Mission de Liranga. Malheureusement, en passant
au poste belge, le chef de district le retint pour en faire
un soldat.

*
* *

« En descendant la Baringa, je fus bien accueilli partout.
On m'adressait même le salut que l'on n'emploie que
pour les grands chefs, et auquel on doit répondre par
un souhait. Ainsi au premier *Losakou* qu'on m'envoyait,
je répondais toujours : *Nzakouba a jseça bolotchia !* (Dieu
te bénisse, ou littéralement : Dieu te donne bon !) Mais
faut-il le dire ? Moi, j'attrapais des souhaits d'un tout
autre genre : Enivre-toi tous les jours ! Tue tous tes
ennemis ! N'aie jamais la gale ! Vole sans qu'on te voie !
— Ici voler n'est pas mal ; ce qui est défendu, c'est de se
laisser prendre. — Vous pouvez juger quel est le niveau
moral de ces pauvres gens. »

*
* *

« Je n'étais plus qu'à quelques jours de Brazzaville,
quand un soir, au moment où j'allais me retirer à bord

après avoir fait la prière en commun avec les enfants baptisés, je fus appelé par les nouveaux rachetés qui me tinrent ce langage : Tu appelles tes enfants ceux qui sont avec toi depuis longtemps, et nous aussi, tu nous appelles tes enfants. Pourquoi alors te mets-tu à genoux avec eux matin et soir pour prier le bon Dieu, tandis que tu ne viens jamais avec nous ?

« Pauvres enfants ! Qui donc leur avait inspiré ce désir ? Aussitôt nous nous mîmes tous à genoux ; je fis le signe de la croix et il fut répété de bon cœur par tous ces petits enfants qui, je l'espère, deviendront bientôt de fervents chrétiens. »

*
* *

Le P. Allaire résumait ainsi sa vie et ses travaux dans une lettre qu'il écrivait à ses Supérieurs, le 25 février 1894 :

« Attaché à la station de Saint-Louis de l'Oubanghi, je passe une partie de mon temps en communauté et une partie en voyage sur le *Léon XIII*. Mgr Augouard a eu la bonté de s'adresser à moi plusieurs fois pour me confier l'œuvre du rachat des pauvres petits esclaves noirs. J'ai fait tout mon possible pour réussir, et le bon Dieu m'a visiblement aidé, en me sauvant des mille dangers inséparables de ces pénibles voyages.

« Nous avons commencé en outre, en 1891, le P. Moreau et moi, l'œuvre des esclaves adultes. Ces pauvres malheureux, abandonnés de tous, ne devaient-ils donc point, à cause de leur âge avancé, avoir part à la connaissance de leur Père du ciel et aux félicités qu'il prépare à ceux qui observent sa loi ! Le bon Dieu a béni cette œuvre, car aujourd'hui nous avons à Liranga un petit village habité par ces esclaves rendus à la liberté, qui connaissent et aiment le divin Maître. Nous y comptons neuf familles chrétiennes, qui donnent les plus heureuses espérances pour l'avenir. Cinq sont partis pour un monde meilleur avec la grâce du baptême. Vingt autres grands se préparent, à la Mission, à recevoir cette grâce de la régénération spirituelle. Nous avons, de plus, cinquante-cinq petits garçons, donnant, eux aussi, des espérances pour l'avenir. »

CHAPITRE XV

En 1894, le P. Allaire fut tellement surmené par des occupations de toutes sortes que le temps lui manquait pour continuer ses correspondances. Il n'écrivait le plus souvent qu'en prenant sur le sommeil de la nuit, et se contentait d'indications sommaires : « Dans mon dernier voyage, j'ai pu racheter soixante-seize personnes ! J'ai reçu des félicitations de partout. »

Mais son évêque, Mgr Augouard, revenu en France dans le courant de 1894, rendit hautement témoignage aux œuvres de son collaborateur. Dans une conférence à l'Ecole apostolique de Poitiers, il disait : « Le P. Allaire est sans contredit le missionnaire le plus intrépide de mon vicariat. Le Saint-Père, pour l'encourager, lui a envoyé dernièrement sa bénédiction apostolique. Avec un dévouement et un courage au-dessus de tout éloge, il parcourt les rivières, sur le *Léon XIII*, en quête d'âmes à sauver et de pauvres esclaves à rendre à la liberté. Il s'avance au milieu de tribus anthropophages avec une audace qui touche souvent à la témérité. Je lui dis parfois : « Mon cher Père, si vous continuez, un jour ou l'autre vous finirez par vous faire mettre à la marmite ». Il m'écoute et promet d'être prudent ; inutile de dire qu'il recommence à la première occasion. »

**

En cette même année, les *Annales de la Propagation de la Foi* publièrent une lettre du Vicaire apostolique de l'Oubanghi où nous trouvons plusieurs faits intéressants, que notre missionnaire n'a pas mentionnés dans ses correspondances.

« Le P. Allaire, qui a déjà arraché à la marmite et rendu à la liberté plus de 210 esclaves en moins de trois ans, est allé, au mois de février, faire une nouvelle exploration, exploration surtout vers les pauvres âmes à sauver. Partout où il passe, les villages sont incendiés et pillés ; les indigènes, réfugiés dans les broussailles, sont décidés à s'opposer désormais à tout étranger, quel qu'il soit, qui viendra chez eux.

« Pour ne pas effrayer les noirs trop excités maintenant contre les bateaux européens, le Père quitte son vapeur et prend une pirogue. Il peut enfin joindre quelques indigènes avec lesquels il veut parlementer ; mais on lui crie de fuir au plus vite, s'il ne veut pas être lardé de flèches et de sagaïes. — Mais, dit le Père, je ne vous ai jamais fait que du bien. Pourquoi me repoussez-vous ? — C'est vrai, toi tu es bon, parce que tu es le Blanc de Dieu. Aussi on ne t'a pas attaqué lorsque tu es passé près des broussailles où nos sentinelles étaient embusquées. — Alors pourquoi me recevez-vous ainsi ? — Parce que tu est blanc et que tous les blancs sont mauvais. Nous n'en voulons plus. Va-t'en. — Et le pauvre Père Allaire ne put rien obtenir de ces sauvages qui disparurent dans l'épaisseur de la forêt.

**

« Au moment de descendre la rivière pour rejoindre le *Léon XIII*, il aperçoit un cadavre flottant au cours de l'eau. Il s'approche et reconnaît le corps d'un enfant décapité dans une cérémonie quelconque ; toutes les parties du corps étaient tailladées en fines lanières, et on n'aurait pu trouver intacte une largeur de 5 centimètres. A cette vue, le cœur du missionnaire fut ému de compassion, et il résolut de chercher à arracher à ce sort affreux, ne fût-ce que deux ou trois enfants, dût-il pour cela être exposé lui-même aux coups de ces féroces populations.

« Une idée subite lui vint. Tout seul, se dit-il, je ne pourrai rienfaire ; mais je pourrai tout avec le sang du divin Sauveur. Et, écoutant plus son zèle que la prudence, il prend son autel portatif. Sous la conduite de trois ou quatre noirs chrétiens qui l'accompagnaient, il s'engage dans un petit sentier dissimulé sous les broussailles, et il parvient enfin dans un village où il surprend tout le monde par son arrivée imprévue. On veut le forcer à reprendre le chemin de la rivière ; mais il tient à son idée, et, à force d'insister, il obtient enfin de se réfugier sous un avant-toit de case et d'y adresser des prières à son Dieu.

« Ces pauvres sauvages, dans le plus grand silence, regardent d'abord avec étonnement, et pendant que le Père continue sa Messe et invoque le Seigneur pour ces infidèles qui n'ont pas le bonheur de le connaître, ceux-ci filent les uns après les autres, persuadés que tout le monde sera mort quand le Nganga Nzambi aura terminé ses prières. — A la fin de la Messe, la place était déserte.

« Que faire alors ? Le Père ne se désespère pas ; il prend une pauvre et maigre pitance, pendant qu'un de ses chrétiens, ancien esclave de ces contrées, va du côté de la forêt et invite les indigènes à revenir sans crainte. Le Père attend avec confiance les résultats du sang précieux répandu pour la première fois dans cette contrée barbare. Le chef se décide enfin à venir et à amener au Père quel-

ques enfants destinés à être vendus aux cannibales Bondjos. Il peut ainsi en racheter une dizaine. Quelle joie pour
le missionnaire et comme sa foi est récompensée !

« Il reprend courage et continue son voyage. Il arrive
dans un autre village dont il demande le chef. — Le chef,
lui dit-on, il est mort ! Vois les têtes des esclaves qui ont
été mangés lors de ses funérailles. Ah ! c'était un grand
chef, et les têtes sont nombreuses. — Et en effet le Père
voyait une quantité de têtes alignées systématiquement
sur des piquets autour de la case du chef défunt.

« Dans un autre village, on lui raconta comment on s'y
prenait pour acheter de la chair humaine, quand un chef
n'était pas assez riche pour payer à ses gens le luxe d'un
esclave entier. L'esclave est attaché à un arbre sur le
marché. Un client se présente et demande le bras. Aussitôt on fait une marque sur le bras avec une sorte de terre
blanche. Un second client demande une jambe, un troisième la poitrine, et on marque jambe et poitrine. On
continue ainsi jusqu'à ce que toutes les parties du corps
soient marquées. Et alors on coupe la tête du pauvre
esclave, et chacun prend simplement le morceau qui lui
revient ! Peut-on imaginer une plus froide férocité ? Et
conçoit-on les angoisses du malheureux ainsi acheté par
morceaux et voyant arriver lentement l'heure du supplice
au milieu des plaisanteries insouciantes des gens qui l'en-
vironnent !

*
* *

« Mais, pour nous, quelle joie quand nous voyons arriver
notre vaillant petit *Léon XIII*, sous la conduite du Père
Allaire, nous ramenant une collection d'enfants arrachés
au démon et à la marmite des cannibales. Ces nouvelles
venues reconnaissaient les unes une sœur parmi les ancien-

nes, les autres une parente, d'autres une amie ; les langues des petites négresses sont aussi déliées que celles des petites blanches. Aussi c'était une conversation des plus animées, les religieuses faisant au moins autant de tapage que leurs orphelines, tant leur joie était grande. Tout le monde parlait ensemble pour aller plus vite, et finalement personne n'entendait rien.

« Chez les garçons de la Mission, la scène était la même, et les nouveaux arrivés manifestaient leur joie en entonnant une chanson, accompagnée d'une danse qui n'avait rien de compliqué, mais qui disait assez la joie de chacun d'avoir échappé à un danger imminent.

« On me demandera peut-être quel est le prix d'un enfant et ce que l'on donne pour sa rançon ? Au centre de l'Afrique, la rançon est d'assez minime valeur : 10, 20 et 30 francs et quelquefois davantage, selon la rapacité des chefs ou l'embonpoint du sujet. Cette valeur est livrée sous forme d'objets européens qui diffèrent selon les tribus et dont il faut se munir, ce qui ne laisse pas que d'être assez coûteux pour aller si loin dans l'intérieur. Un enfant de quatre ans environ et fort intéressant fut ramené dernièrement par le P. Allaire. Il n'avait aucune valeur marchande, car il était malade et d'une maigreur effrayante. Il fut racheté pour.... *une bouteille vide*, car il était absolument inutile pour la cuisine ! Aujourd'hui, dorloté par nos bonnes Sœurs de Brazzaville, il est gros et gras, et demande à sortir de l'asile pour passer dans la catégorie des grands garçons.

« Les rachats ne sont donc pas la plus forte dépense ; mais il faut élever ces enfants et pourvoir à tous leurs besoins jusqu'à ce qu'ils soient capables de s'entretenir eux-mêmes et de s'établir en ménages, ce qui a lieu vers l'âge de vingt ans. Certes, je ne veux pas dire que tout

soit parfait, car on rencontre des natures rébarbatives
chez ces pauvres sauvages; mais, en somme, il y a encore
de grandes consolations et peut-être pas autant de défec-
tions que chez les enfants d'Europe élevés chrétiennement
dès leur bas âge. »

Parfois notre missionnaire rencontrait des obstacles
inattendus dans l'exercice de son zèle apostolique. Un
jour, on lui signifie, de la part du gouverneur de l'Etat
indépendant, une défense formelle de naviguer dans les
rivières du Congo belge. C'était une violation des traités,
et les officiers belges se montrèrent étonnés d'une mesure
de rigueur que rien ne pouvait justifier. Par amour
de la paix, il s'apprêtait à revenir après un voyage
inutile.

Sur ces entrefaites, il apprit que deux officiers belges
avaient été assassinés dans la Baringa et que la situation
pouvait devenir grave, si l'on ne portait immédiatement
secours au point menacé.

N'écoutant que son dévouement, le P. Allaire retourne
à toute vapeur à l'Equateur et met le *Léon XIII* à la disposition des autorités de l'Etat. Ces Messieurs acceptent
avec reconnaissance. Le P. Allaire, pour ménager sa qualité de missionnaire, avait seulement demandé qu'en cas
d'hostilités, les troupes ne fissent pas le coup de feu à
bord du *Léon XIII*, mais descendissent à terre, ce qui lui
fut accordé sans difficulté.

« Grâce à sa parfaite connaissance de la rivière et des
passes difficiles, écrit Mgr Augouard, le voyage s'accomplit rapidement, et les agents de l'Etat commencèrent immédiatement une répression d'autant plus terrible que la

trahison de la part des indigènes avait été plus inquali-
fiable.

« Le P. Allaire, au milieu de ces scènes de guerre, eut la
consolation d'instruire et de baptiser sept indigènes qui
furent fusillés pour avoir été pris les armes à la main. Il
eut encore le bonheur d'arracher à la mort de pauvres
enfants, garçons et filles, qui allaient être englobés dans
le massacre général ; les officiers belges le laissèrent volon-
tiers accomplir sa noble mission de charité.

« Sur la tombe des deux victimes, le P. Allaire célébra
une Messe solennelle, à laquelle assistèrent toutes les
troupes, sous le commandement des officiers blancs, et la
même cérémonie se répéta à l'Equateur où les autorités
remercièrent le P. Allaire du signalé service qu'il venait
de rendre à l'Etat indépendant.

« Après ces faits, le P. Allaire put continuer sa mission,
toute de paix, de douceur et de charité. »

CHAPITRE XVI

A la fin d'avril 1895, le P. Allaire entreprenait un nouveau voyage d'un mois dans la Baringa, et, après une huitaine de jours passés à Liranga, il se mettait en route pour l'Europe. Depuis longtemps son évêque désirait lui procurer un peu de repos, et il le chargea de surveiller à Paris l'exécution d'un nouveau bateau en fer pour la Mission.

Le P. Allaire n'arriva en France qu'à la mi-septembre, dans un état de très grande fatigue : il avait été presque constamment malade pendant la traversée. Il se rendit directement à Paris, à la maison-mère, où il fut pris de la fièvre et obligé de garder le lit. « Me voici dans la nécessité de m'acclimater à mon bon pays de France, écrivait-il ; je vais me rendre à Chevilly, où je ferai huit jours de retraite : j'en sens un réel besoin. »

Les trois mois qu'il passa en France ne furent qu'une série de voyages, de visites et de conférences dans l'intérêt de la Mission. Partout il fut accueilli avec un respect sympathique, écouté avec le plus vif intérêt. La simplicité même avec laquelle il racontait ses merveilleux travaux et ses tragiques aventures donnait à sa parole un charme particulier : on voyait, on sentait qu'il ne cherchait que Dieu

Rachat des esclaves.

et les âmes. Aussi tous les journaux, même ceux qui d'ordinaire font le silence sur les œuvres catholiques, plaidèrent chaleureusement la cause de l'apôtre des noirs. Il n'y eut pas une note discordante dans ce concert d'éloges et dans cette croisade pacifique.

« Le P. Allaire est à Paris qu'il n'avait pas vu depuis dix ans, écrivait M. Paul Bourdarie dans *le Petit Moniteur*. Petit, le visage émacié, qu'encadre une barbe très fournie mais courte, avec deux grands yeux où se lisent en même temps de la douceur et de l'énergie, de l'étonnement et de l'impassibilité, une grande connaissance de la vie et une certaine naïveté, qui n'est pas sans une pointe de malice. »

Dès qu'il put, notre cher missionnaire vint à l'École apostolique de Poitiers. Il avait eu l'ingénieuse idée d'apporter tout un attirail guerrier congolais : des lances, des flèches, des couteaux, voire même un couperet dont se servent les féticheurs dans les sacrifices humains. Il nous expliqua l'usage qu'on faisait de ces armes. De nombreuses questions lui furent adressées ; nous résumons quelques-unes de ses réponses. »

*
* *

« J'habite à Saint-Louis de l'Oubanghi, que les indigènes appellent Liranga. C'est une pointe rocheuse située sur les bords du Congo, près de l'embouchure de l'Oubanghi. Nous sommes à 150 lieues de Brazzaville, chef-lieu des possessions françaises du Congo et résidence de Mgr Augouard, notre vénéré vicaire apostolique. Vous savez que Brazzaville est à 500 kilomètres de la côte.

« Si la Mission ne possédait un petit vapeur, le *Léon XIII*, elle serait dans l'impossibilité d'être approvisionnée des choses les plus nécessaires. C'est d'Europe que nous devons faire venir le vin de messe, la farine pour les pains d'autel, les étoffes pour vêtements, les chaussures et bien d'autres choses. Or, toutes ces provisions que nous ne trouvons pas dans le pays, c'est le *Léon XIII* qui nous les apporte, à nous et aux autres Missions encore plus éloignées que Liranga, comme Saint-Paul-des-Rapides qui est à 1.800 kilom. de la côte.

« Notre petit bateau mesure 12 mètres de long sur 2 mètres de large. La place prise par la chaudière, la machine et bois de chauffage ne laisse plus de libre qu'une banquette de 2 mètres de long sur 0.45 de large.

« D'ordinaire il faut une dizaine de jours pour faire le trajet qui sépare Brazzaville de Liranga.

Tout notre équipage noir doit être constamment surveillé, car le chauffeur ne se doute pas plus de l'importance qu'il y a de ne pas laisser monter la pression au-dessus de 8 kilog. et à tenir de l'eau dans les tubes niveaux, que le barreur ne se soucie de la route à suivre, non plus que des roches et des bancs de sable à éviter.

« Un coup de sifflet, trois saluts au pavillon français qui flotte à l'arrière, et nous partons, à 300 tours d'hélice à la minute, sur ce fleuve Congo, qui atteint à certains endroits jusqu'à 2 lieues de largeur.

« D'ordinaire nous naviguons de 6 heures du matin à 4 heures du soir. A ce moment nous nous rapprochons de la terre et nous choisissons un campement favorable pour la nuit, car le soleil se couche à 6 heures. Nous devons mettre le bateau à l'abri des tempêtes qui se déchaînent parfois sur le fleuve, et il nous faut chaque jour recueillir plusieurs mètres cubes de bois sec pour chauffer la machine, puisque le charbon de terre est inconnu ici.

« Les hommes couchent dans la forêt en compagnie des

éléphants, des panthères, des bœufs sauvages et des ser-
pents de toutes couleurs et de toutes dimensions, dont ils
se préservent la nuit en allumant un grand feu. Nous re-
gagnons pour notre part la banquette du *Léon XIII*, qui,
après avoir servi de siège et de table, nous servira de
couchette ; c'est très apostolique, et l'on y dort fort bien
quand on est fatigué.

« Lorsque nous arrivons en vue de Liranga, tous les enfants de la Mission, au nombre de 150, petits et grands,
accourent sur le rivage, au signal bien connu donné par
le sifflet du *Léon XIII*, et m'entourent. Au mépris de ma vie,
je les ai tous rachetés de l'esclavage, et s'ils m'aiment
comme leur père, je leur rends largement leur affection.

« Ils ont des réflexions surprenantes. Leur première préoc-
cupation, à l'arrivée d'un nouveau venu, est de lui trouver
un nom ; la chose est facile pour eux, s'il a une manière
à lui de parler ou de se mouvoir. A-t-il des lunettes sur le
nez : il s'appellera *Mpelo tala tala* (le Père miroir); s'il a
fait un faux pas en débarquant, on le nommera *Kou boua
na maï* (le Père qui tombe à l'eau). Rien n'échappe aux
observations de ces petits sauvages qui ont une façon à
eux d'envisager les choses. Je me souviens que, lorsque
l'infortuné duc d'Uzès, montant dans l'Oubanghi, nous
honora de sa visite, nos enfants venaient jeter sur lui, les
uns après les autres, de longs regards de surprise. Je vou-
lus connaître la cause de cette procession. Le premier que
j'interrogeai me répondit en riant : « Tu n'as donc pas
remarqué, Père, que ce blanc met ses mains dans ses souliers? » C'est que le duc avait les mains gantées.

*
* *

« Et votre nourriture ?
« Oh ! rien de plus simple : on se contente de ce que l'on a.

Le pain ! Il n'y a pas à y songer. Nous en prenons un peu au dessert. On le remplace par le riz, par la pâte de manioc. Pour la viande, nous en mangeons quand la chasse a été bonne. Le poisson est l'une de nos grandes ressources. Une cartouche de dynamite lancée dans le Congo nous en procure des centaines de kilogs du même coup. Lorsque nous tuons des hippopotames, nous fumons leur chair et nous avons alors de quoi nourrir nos orphelins et tout le personnel de la Mission pendant des mois entiers.

« Nous nous livrons à l'agriculture, et nous obtenons de bons résultats. Le manioc, les patates douces, les haricots, le maïs, les bananes produisent abondamment et sont une ressource bien précieuse.

« Nous récoltons aussi du café, des oranges, des ananas : ce qui nous permet de faire un peu d'alcool ; mais les arbres fruitiers de France ne peuvent s'acclimater ici.

« Vous croyez peut-être que les noirs ont des cuillers et des fourchettes pour manger ? Luxe inutile. Ils ne se servent même pas des bâtonnets des Chinois. Les doigts tiennent lieu de tout. Dans mes excursions, quand je suis leur commensal, je fais comme eux. Je me sers de feuilles pour prendre les morceaux, et voilà tout... Parfois, si le chef est riche et veut faire de l'extra, on me cuit une poule dans son jus, c'est-à-dire sans la vider. Et voilà le missionnaire se servant de la fourchette d'Adam, mangeant à belles dents avec ses enfants ces délicatesses sauvages que son appétit lui fait apprécier.

*
* *

« Dans le Haut-Congo, on ne connaît ni l'or, ni l'argent. On peut dire que le mitako est l'unité monétaire. C'est une baguette de laiton longue de 40 centimètres et grosse de 3 à 4 millimètres. Elle coûte environ 12 centimes.

« L'un des cadeaux les plus agréables, c'est le sel. Dans l'intérieur, il manque entièrement, et les indigènes le remplacent par la cendre de quelques végétaux. Pour les petits nègres, une pincée de sel équivaut amplement aux sucreries et douceurs que l'on donne aux enfants en Europe. Aussi j'emporterai une bonne provision de sel concentré.

« Nous ne sommes appréciés que si nous pouvons faire des présents : étoffes, miroirs, vieux couteaux, verroteries. Chaque chef reçoit donc une brasse d'étoffe, un miroir, quelques perles, moyennant quoi je suis proclamé le plus généreux des hommes et le meilleur des blancs.

*
* *

« Vous désirez que je vous parle des anthropophages.

« Je ne vous décrirai pas le spectacle sans nom des scènes épouvantables dont j'ai dû être le témoin impuissant, quand j'arrivais trop tard dans les villages surpris par l'ennemi : des têtes humaines séparées de leur tronc, des membres humains, habilement découpés, gisaient çà et là, des cadavres de petites victimes de cinq à dix ans mutilés. Les infâmes vainqueurs se sauvaient chacun avec le morceau de son choix, m'engageant à faire de même, et s'étonnant, avec un rire satanique, de mon dégoût pour la chair humaine. « Tu as tort, m'ont-ils dit souvent ; tu devrais y goûter ; après, tu en voudrais toujours, et c'est si bon ! »

« — Tu vois cette tête, me disait, il y a deux ans, un de mes amis de là-bas, en caressant un crâne encore tout sanglant, qu'il avait mis comme trophée au bout d'une pique, devant sa case : c'est celle d'un tel que tu as bien connu ; nous l'avons mangé il y a trois jours, il était délicieux ; tu aurais dû venir plus tôt pour en goûter. »

« Ces scènes sont fréquentes.

« Le besoin de la chair humaine est chez plusieurs peuplades une véritable passion. Mes enfants rachetés m'ont affirmé qu'il y avait, dans l'intérieur des terres, des chefs puissants qui ne se nourrissaient que d'enfants de dix à seize ans. Je ne suis pas allé vérifier le fait ; mais pour qui connaît le pays, il n'y a là rien d'extraordinaire. Personnellement, j'ai été plusieurs fois l'objet de la convoitise des cannibales, et je ne dois qu'à une providence toute spéciale d'avoir pu me tirer sain et sauf de leur guet-apens.

« Dans mes voyages, j'ai déjà rendu à la liberté plus de trois cents esclaves. Je m'avance très loin, quelquefois dans des régions où jamais blanc n'a pénétré. Je commence à être bien connu des chefs et surtout des esclaves. J'envoie d'abord un de mes hommes, porteur de cadeaux, prévenir le chef que *Balota-mpelo* arrive. *Balota-mpelo*, c'est mon nom indigène. Il signifie ou le père qui va vite (à cause du *Léon XIII* qui dépasse facilement les pirogues), ou le père qui s'échappe toujours ; car, comme les indigènes ont voulu me prendre plusieurs fois et qu'ils n'y ont point encore réussi, cela me fait une réputation dont je ne veux point trop me glorifier. Retournant en effet à ma vie voyageuse, il n'est pas dit que j'échapperai toujours à tous les pièges.

« J'arrive au village, souvent exténué et n'en pouvant plus. Le chef se présente. Je le prends à part et j'entame de suite la question qui m'amène. — Oh ! que n'es-tu venu il y a une lune ? Nous avons tué trois, quatre, six esclaves ; tu aurais pu les emmener avec toi, mais j'en ai encore dont je veux me défaire. — Voilà le refrain ordinaire.

« On débat le prix du petit esclave dont on veut se débarrasser et dont on a frotté la peau avec de l'huile pour la rendre brillante. Quelquefois le débat est long, d'autres fois lestement terminé.

La forge.

« Alors, quand le chef a craché sur son esclave, comme
signe qu'il ne lui appartient plus, je prends mon couteau
d'exécution, car j'en ai un aussi. Je coupe les liens qui
empêchent l'infortuné de se mouvoir ; je lui apprends qu'il
est libre, et, le prenant sur mes genoux, je lui fais faire
son premier signe de croix, puis je lui donne à manger,
car ces malheureux ont bien faim. Je lui fais cadeau d'un
beau pagne pour se couvrir, et le pauvre petit de me sou-
rire en disant : *Papha io bolotchi* (Père, tu es bon). C'est
avec les aumônes qui me parviennent que je paie la rançon
de ces enfants.

« A tous ces malheureux que nous aimons comme nos enfants, nous apprenons à quitter leurs mœurs sauvages, à
connaître et à aimer Dieu et la France qui envoie les missionnaires au loin ; car, si loin que nous allions, le souvenir
de la patrie nous reste. Souvent le soir, pour se reposer après
les dures journées, c'est de la France que parlent les missionnaires. Sur nos lèvres passent les noms des parents, des amis,
des bienfaiteurs, qui nous permettent par leurs dons d'exer-
cer notre rôle de sauveurs d'esclaves. En pensant à eux,
nous nous sentons moins seuls dans cette œuvre de rachat.

« J'ai passé de dures journées, je n'exagère rien. A Liranga,
je suis plus souvent en tablier de travail qu'en soutane.
Si nous avons des maisons, c'est à nos bras que nous les
devons. Quand, dans un pays civilisé, on a besoin de quelque chose, on se rend chez un marchand, et tout vient à
souhait. A Liranga, si l'on veut s'asseoir sur une chaise,
on se rend, une hache sur l'épaule, dans la forêt, on choisit
un arbre convenable, on l'abat, on le tronçonne, puis,
après l'avoir équarri, nos enfants le transportent à l'endroit
où les Pères leur apprennent les éléments du métier. On
refend le tronc, on donne aux morceaux les dimensions
voulues, et on les ajuste pour faire ce petit meuble si

simple qu'on appelle chaise. Inutile de songer à en faire
venir de toutes faites ; les frais de transport sont trop élevés. Ainsi de tout le reste. Notre évêque, Mgr Augouard,
nous donne lui-même l'exemple. Loin de se réserver les
travaux les plus intéressants et les moins pénibles, il a
façonné de sa propre main bien des briques, il a scié bien
des poutres entrées dans les constructions de la Résidence
de Brazzaville.

*
* *

« On m'a demandé plusieurs fois si ces pauvres gens de
l'Afrique centrale étaient capables de civilisation. Je réponds : oui, absolument ; ils sont capables de devenir des
hommes et des gens respectables ; seulement il ne faut pas
se payer d'illusions, ils ont du chemin à faire. Le passage
de la barbarie la plus sauvage à la civilisation et à l'urba-
nité n'est pas une œuvre d'un jour ; elle demandera d'autant plus de temps et de dévouement que nous travaillons,
dans l'Oubanghi, sur des gens tellement primitifs, qu'à
trente ou quarante ans, les noirs du pays que nous habitons ne possèdent pas les notions premières qu'un enfant
de nos pays possède à l'âge de six ans.

« J'ai façonné, à Liranga, avec de l'argile, une statue représentant la Sainte Vierge portant l'Enfant Jésus sur son
bras ; quand je l'eus peinte et ornée de mon mieux, je permis aux enfants de la Mission de venir la voir : étonnement des uns, frayeur des autres. En s'en allant, un petit
garçon de six à huit ans vient à moi et me tirant à l'écart :

« — Dis donc, Père, quand cette femme blanche que tu as
faite donnera à manger à son petit enfant, tu m'appelleras
pour que je voie. »

« Un jour, dans une discussion, un enfant de la Mission

traita un de ses camarades d'hippopotame. Se trouvant gravement offensé, l'autre ne répondit rien ; mais, sombre et silencieux pendant deux jours, il vécut avec ses camarades sans mot dire ; enfin, n'en pouvant plus et se trouvant en présence de son insulteur, il s'arme d'un couteau et pose son index sur le seuil de la porte :

« — Nous sommes chez le Père, lui dit-il, voilà. »

« Et d'un seul coup il se tranche l'index et vient pacifiquement me demander un remède pour cicatriser le membre mutilé.

« — Malheureux, m'écriai-je, qui t'a traité ainsi ?

« — C'est moi, répond-il d'un air surpris. Ecoute. Tu nous as dit que c'était mal de se donner des coups de couteau, comme dans nos villages; tu nous as dit que c'était mal de se battre; un tel m'a appelé hippopotame : que pouvais-je faire d'autre part pour lui prouver la peine que je ressentais d'un tel affront ?

« Quand les blancs ont fait leur apparition dans le Congo, les sauvages, qui n'en avaient jamais vu, forgèrent de suite une légende qui a cours dans l'Afrique centrale. Un fait certain, dont j'ai été moi-même témoin oculaire, et dont j'abandonne l'explication aux physiologistes, c'est qu'un cadavre de noir qui séjourne plusieurs jours dans l'eau perd sa teinte noire et devient, quand il remonte à la surface, de la même nuance que celui du blanc. C'est un fait indiscutable, les deux peaux se ressemblent. Or, qu'ont pensé les noirs, quand on leur a dit que, pour venir chez eux, il fallait traverser l'immense étendue d'eau que nous appelons la mer? Voici comment ils m'ont expliqué leur croyance : « Les blancs sont des hommes comme nous; mais, contrairement à nous, ils vivent dans l'eau, dans la grande eau où il y a du sel. Quand ils sont fatigués d'être dans l'eau, ils viennent sur notre terre, mais n'y restent

jamais longtemps sans y être malades, et s'ils ont la peau
blanche, c'est grâce à l'eau ; si nous avons la peau noire,
c'est grâce au soleil. »

« Bien souvent, les gens de la Mission et les grands chefs
des environs m'ont demandé, le plus sérieusement du
monde, si, dans mon pays, il y avait des petits blancs comme
chez eux des petits noirs, puisqu'ils n'en ont jamais vus. Ils
se persuadent que leur couleur noire les met dans un état
d'infériorité, et si le savon pouvait les blanchir, Vaissier
serait devenu le dieu des Africains.

« — Quand nous irons au ciel, serons-nous encore noirs ?
demandent-ils souvent au catéchisme, marquant bien,
par ces interrogations, que la teinte de leur peau ne se con-
cilie pas, dans leur esprit, avec l'idée d'un bonheur parfait.

« S'il y avait une religion en Afrique (je parle toujours de
la région que j'habite), je dirais qu'elle consiste dans l'a-
mour réciproque de la mère et de l'enfant. Dans ces peuplades aux mœurs féroces et sanguinaires, cette affection
engendre des sentiments de délicatesse et de dévouement
qui vont jusqu'à la mort. Surprenez un enfant dans son
sommeil ; le premier cri qu'il jette en s'éveillant, c'est
Ngoia, ngoia (ma mère, ma mère). La mère sauvage se
fera tuer, si cela est possible, avant d'abandonner l'enfant
qu'on veut lui arracher.

« Dans un de mes voyages, je me trouvai avec un enfant
déjà grand, rendu à la liberté cinq ou six ans auparavant.
Un beau jour, il rencontre inopinément sa mère ; elle le
regarde et le caresse :

« — C'est bien toi qu'on m'a volé si petit ! Comme tu es
grand ! comme tu es fort ! Dis au blanc chez qui tu de-
meures, dis-lui que je suis contente qu'il soit bon !

« — Mais, pauvre mère, il peut rester avec toi, il est libre,
ton enfant.

« — Oh! non, non, pas avec moi, pas avec sa mère, on le ferait encore esclave peut-être; il est mieux avec toi ; sa mère n'a rien; seulement, quand tu viens par ici, amène-le avec toi, pour que je puisse le voir encore, et si jamais, ajouta-t-elle, en levant les bras vers moi, si jamais, *Balota mpelo*, tu entends dire que la mère de ton enfant a été prise et vendue comme esclave, tu viendras payer pour moi, afin qu'on ne me tue pas; et moi aussi, j'irai dans ton village avec mon enfant, et je serai contente. »

* * *

« Et les esclaves ? Et les sacrifices humains? C'est un sujet inépuisable. Je veux encore vous en parler.

« D'abord, le nombre des esclaves est considérable et dépasse, dans bien des tribus, celui des hommes libres. Un esclave peut, la plupart du temps, aller et venir à sa guise, il peut même posséder ; mais, à la mort d'un homme libre, c'est-à-dire d'un chef d'esclaves, il risque d'être désigné pour aller rejoindre immédiatement son chef dans l'autre monde. De là, les sacrifices humains, si répandus au centre de l'Afrique. Il arrive encore qu'un simple caprice du maître fasse mettre à mort bien des gens qui ne demandaient qu'à vivre. C'est quelquefois même, entre chefs, à qui pourra tuer le plus d'esclaves. Ceux qui sont les plus à plaindre sont certainement les enfants et adolescents jusqu'à quinze à seize ans. Sur certaines rivières, ces derniers servent de monnaie : c'est ainsi qu'en parlant de la grandeur d'une pirogue, on dira : C'est une pirogue d'un ou de deux esclaves, comme on dit en France : C'est une montre de 200 à 300 francs. Parmi les enfants que j'ai rendus à la liberté en payant leur rançon, il en est qui m'ont raconté avoir passé par les mains de plus de vingt chefs.

« En me promenant un jour dans un village, je passai à côté d'un pauvre esclave. Son maître venait de le frapper si cruellement que son dos n'était plus qu'une plaie. — Ah ! pauvre malheureux, qui donc t'a mis en cet état ? — C'est mon chef, me répondit-il en me montrant son maître. — Comment ! dis-je à celui-ci en lui poussant légèrement la tête en signe de mépris : c'est toi qui bats tes hommes ainsi ! On n'est pas chef quand on agit de la sorte. — D'un bond il est sur ses pieds, saute dans sa case et revient avec six sagaïes. — Ah ! me fait-il en brandissant une sagaïe pour m'en percer ; ah ! je ne suis pas chef ? Tu vas voir ; à nous deux ! — Grand Dieu, je me sens perdu. Je pense à mon revolver pour me souvenir qu'il n'était pas chargé. Mais mon revolver a sa réputation faite. — Parfaitement, lui dis-je en le fixant hardiment dans les yeux. A nous deux ! — Et je sors mon revolver sans cartouche. — Tu ignores donc, lui dis-je, que ta sagaïe tombera avant de pouvoir m'atteindre ? Tandis que toi, tu dois savoir que je ne tire jamais deux coups... Allons ! dépêche-toi ; sinon je tire le premier. — Intimidé, il abat son arme. Il demande à me parler ; et après une demi-heure de palabre, nous nous quittons bons amis, et j'emmène le pauvre esclave pour le soigner à la Mission.

*
* *

« Les sacrifices humains sont toujours en usage chez les peuplades sauvages parmi lesquelles nous habitons. Quand je suis arrivé à Liranga, mes voisins de Nyambé, Boutonnou, Bousnidé, Irebou, se permettaient quelquefois le luxe de deux ou trois sacrifices humains par semaine. Cette cérémonie servait de réjouissance publique. Tous les villages d'alentour y prenaient part. On chantait, on dan-

sait, et d'immenses calebasses de vin de palme circulaient
dans la foule en délire. Le ou les patients, solidement
amarrés, étaient les témoins d'une joie que leur mort devait porter à son comble. Le moment venu, on délie la victime, on la fait asseoir sur un billot peu élevé, les bras
pendants le long du corps, les mains fixées à terre à l'aide
de bois fourchus, dont les deux extrémités, profondément
enfoncées dans le sol, rendent tout mouvement impossible.
Des fourches semblables fixent de même les jambes allon-
gées par devant, tandis que le buste est immobilisé par
une sorte de palissade qui monte jusqu'aux épaules. Derrière
le patient, que tout cet appareil cloue littéralement au sol,
à une distance d'environ 2 mètres, est plantée une longue
et solide perche dont l'extrémité flexible vient, à l'aide de
lianes, prendre la tête de la victime, faisant ressort pour
bien tendre le cou. Soudain, la foule se tait, le féticheur
a fait son apparition. Dans sa chevelure crépue, plus
de deux cents plumes d'oiseaux de différentes couleurs,
artistement arrangées, lui font une coiffure énorme ; deux
traits circulaires en blanc entourent les yeux, qui acquièrent
ainsi un éclat extraordinaire. Sa mise est riche, quoique
sommaire, et très décente pour le pays ; sur son front et
ses joues se dessinent des lignes rouges qui ressortent
très bien sur le fond noir de la peau ; les bras et les
jambes nues laissent voir de grandes lignes jaunes et
rouges. Il avance à petits pas en dandinant sa crinière de
plumes, tenant dans ses mains nerveuses le terrible couteau d'exécution qui fait sauter les têtes d'un seul coup ; il
s'arrête et salue le malheureux qu'il doit faire mourir.

« Puis, comme pris de délire, il exécute des contorsions
qu'aucune plume ne saurait décrire ; il se démène comme
un damné ; il bondit comme un acrobate, se replie sur lui-
même, avance doucement comme un reptile, sans que l'on

puisse saisir le mouvement des pieds. La foule applaudit à ces contorsions ; mais dès que le fatal couteau se lève, le silence se rétablit. Il commence alors par un chant rythmé : c'est le chant de la mort. La foule y répond en répétant ses paroles sur le même air et en frappant ses mains en cadence. Toujours gesticulant et chantant, il s'approche plusieurs fois de sa victime qui assiste affolée à ces préparatifs : il trace avec de la craie blanche une ligne circulaire autour du cou : c'est là qu'il frappera, le moment venu. Puis, deux fois brandissant son couteau, il vient l'appliquer à la gorge du condamné. Le chant a pris fin ; d'un bond, le féticheur, qui s'était reculé, se trouve près de sa victime ; ses traits deviennent hideux ; deux fois encore son bras fend l'air, en un geste d'essai ; puis le couteau s'abat et, d'un seul coup, tranche la tête que la perche, détendue, envoie rouler au loin, pendant que la foule se précipite en hurlant sur le cadavre. C'est fini. Bientôt les sauvages rentrent joyeux dans leurs huttes.

« Sans doute, ces sacrifices avec apparat deviennent rares, au moins dans la région connue où le blanc peut se montrer ; mais, à Ngombi, j'ai vu le billot, les fourches, la perche du supplice. Sans le savoir, j'ai même retardé, par mon arrivée inattendue, plusieurs de ces boucheries humaines. Les noirs, à qui nous ne dissimulons pas notre façon de penser, se cachent de nous ; mais que se passe-t-il dans l'intérieur des terres ? Là même où l'on subit notre influence, le nombre des victimes ne diminue guère probablement ; la manière de tuer a changé, voilà tout. Je sais qu'aujourd'hui on fait mourir à coups de lance les pauvres esclaves que l'on a bâillonnés pour les empêcher de crier.

« J'ai appris dernièrement qu'une femme-chef très influente nommée Komba-Kêka, que je connaissais très bien, venait de mourir. Savez-vous combien on a immolé d'esclaves pour l'accompagner dans la tombe ? Soixante-dix !

« A Bonga, tout près de Liranga, voici comment l'on opère : on garrotte la victime et on l'étend par terre ; on lui place un fort morceau de bois sur la gorge, et l'exécuteur, s'arc-boutant à l'aide de sa lance, appuie ses pieds sur les deux extrémités du bois et étrangle le malheureux. Quand il a cessé de vivre, on l'enterre et l'on passe au suivant.

« Si un chef veut aller à la chasse, il réunit ses amis qui doivent l'accompagner ; on boit, on chante ; mais avant de partir, il faut du sang pour le succès de l'expédition. On fait venir un petit esclave de dix à douze ans, amarré la veille dans un coin, et on lui coupe prosaïquement la tête, sans cérémonie, avec un mauvais couteau.

« Quelquefois, on répand son sang dans l'eau du fleuve, où l'on jette son corps ; puis l'on part, confiant dans l'entreprise.

« Les enfants, jusqu'à quinze à seize ans, sont les victimes ordinaires désignées pour toutes ces horreurs, car ils sont les plus faibles, et, en Afrique, la faiblesse est un crime. La force est le seul droit reconnu. Aussi c'est à leur délivrance que je compte employer toutes les forces que le bon Dieu me donnera pendant le temps qu'il me reste à vivre.

*
* *

« A Liranga, nous avons pu établir dix-huit ménages chrétiens : c'est l'espérance de l'avenir, car c'est la mère chrétienne qui rendra seule, et plus sûrement que le missionnaire, un enfant vraiment et solidement chrétien. La première fois que le bon Dieu a béni une de ces unions par la naissance d'un petit ange tout noir, ce fut grande fête à la Mission, surtout le jour du baptême ; il n'y eut ni dragées ni pièces blanches jetées à la volée par les mains généreuses du parrain et de la marraine, mais une ration de sel et un fruit supplémentaire accordés à tout le monde par les Pères, comme aux grands jours de fête ; car les goûts sont simples là-bas, et les moyens des missionnaires peu étendus. Hélas ! trois semaines plus tard, c'était le deuil : le bon Dieu, qui aime tant les prémices, avait rappelé auprès de lui le premier enfant né de parents chrétiens au centre de l'Afrique ; le père de l'enfant, dans l'intensité de son chagrin, se laissait tomber de toute sa hauteur ; la mère était plus calme ; mais si l'expression de sa tristesse était moins sauvage, ses larmes étaient plus abondantes et tarissaient moins vite. Tous deux, durant trois jours, refusèrent toute nourriture ; enfin, le temps, qui calme tout, apaisa aussi leur douleur. Je n'y songeais plus, lorsqu'un mois après, allant surveiller les travaux des plantations, il me sembla percevoir un léger bruit du côté du cimetière. Je m'arrêtai et, doucement, à la manière du sauvage, j'écartai les grandes herbes et m'avançai avec précaution, pour voir ce qui se passait. J'aperçus bientôt la pauvre mère, assise et pleurant abondamment, sans effort et sans témoin. Elle parlait de temps en temps sur un air cadencé, interpellant son enfant comme s'il pouvait l'entendre :

« — Pourquoi m'as-tu quittée ? disait-elle d'un ton si tendre que l'émotion me gagna... Moi qui t'aimais tant ! Où es-tu donc parti ? Je ne te vois plus que pendant le sommeil ; pourquoi m'as-tu quittée ? Est-ce que mon lait n'était pas bon ? T'en ai-je refusé ? Oh ! reviens avec ta mère ! »

« Puis elle s'arrêtait pour pleurer plus facilement et recommençait ensuite ses appels. La pioche de travail était là auprès d'elle ; elle avait quitté son sillon pour venir pleurer son enfant. »

Les *Annales des Pères du Saint-Esprit* et plusieurs journaux ont publié un résumé des conférences que notre missionnaire fit au collège Saint-Joseph de Poitiers, à Lorient, au séminaire de Notre-Dame-des-Champs et à la réunion de la Société anti-esclavagiste, tenue le 21 décembre 1895, à la salle de l'Institut de France, sous la présidence de Son-Eminence le cardinal Perraud et de M. Jules Simon. Le Père terminait ainsi :

« Vers la fin de ce mois, je m'embarquerai à Marseille pour retourner à Liranga. En ce moment, je quête pour le transport du nouveau bateau le *Léon XIII*, que je viens de faire construire dans les établissements Cail, à Saint-Denis, près Paris.

« Voulez-vous les dimensions de ce bateau ? 20 mètres de longueur, 3 de largeur, 1 de creux, $0^m,50$ seulement de tirant d'eau. C'est un bateau plat, presque rectangulaire, auquel des machines de la puissance de 60 chevaux peuvent néanmoins imprimer une vitesse de six nœuds.

« On va, en quinze jours, le démonter pièce à pièce et l'emballer dans des caisses de petit volume, après avoir soigneusement numéroté les morceaux. Trois morceaux par caisse, c'est la moyenne. Il y a environ mille pièces.

« Ces caisses seront emportées au Havre à bord d'un paquebot des Chargeurs-Réunis. Débarquées à Banane, elles seront transportées à dos d'homme de ce point de la côte à Brazzaville, c'est-à-dire sur un parcours de 300 kilomètres. Il faudra un convoi de mille porteurs pour effectuer ce transport qui durera environ un mois. Le bateau sera ensuite remonté et mis à l'eau à Brazzaville.

« Le prix de revient est de 45.000 francs ; mais il y a les frais de transport. Chaque porteur nègre demande 58 francs par 30 kilog., de Banane à Brazzaville, prix supérieur, pour la totalité du bateau, au prix d'achat.

« Comme on le voit, c'est une dépense exorbitante pour notre petite Mission, et cependant nécessaire pour en assurer le succès. »

*
* *

Après une première visite que lui fit le P. Allaire, M. Jules Simon écrivait dans le *Journal* : « Je l'écoutais avec le respect le plus profond. Voilà la vie qu'ils vont chercher à deux et trois mille lieues d'ici pour sauver les enfants du couteau et pour ouvrir le ciel à des sauvages ! Nous admirons cet héroïsme et nous ne songeons pas à le seconder !... »

Après le départ du missionnaire, M. Jules Simon écrivait encore :

« Le P. Allaire est en chemin pour aller retrouver ses frères et ses enfants au delà du monde civilisé. Il y trouvera aussi des esclaves... Mais Paris, qui lui a donné quelques fusils pour qu'il pût tuer des hippopotames dont ses enfants se nourriront, Paris ne lui a pas donné d'argent ou lui a donné bien peu... »

Et il terminait par ces lignes émues : « Il est douloureux de n'avoir pu retenir le P. Allaire. On l'aurait vu, on aurait entendu les récits de sa propre bouche. On aurait baisé ces mains qui ont déjà brisé tant de liens et qui en briseront encore, si la France se réveille... »

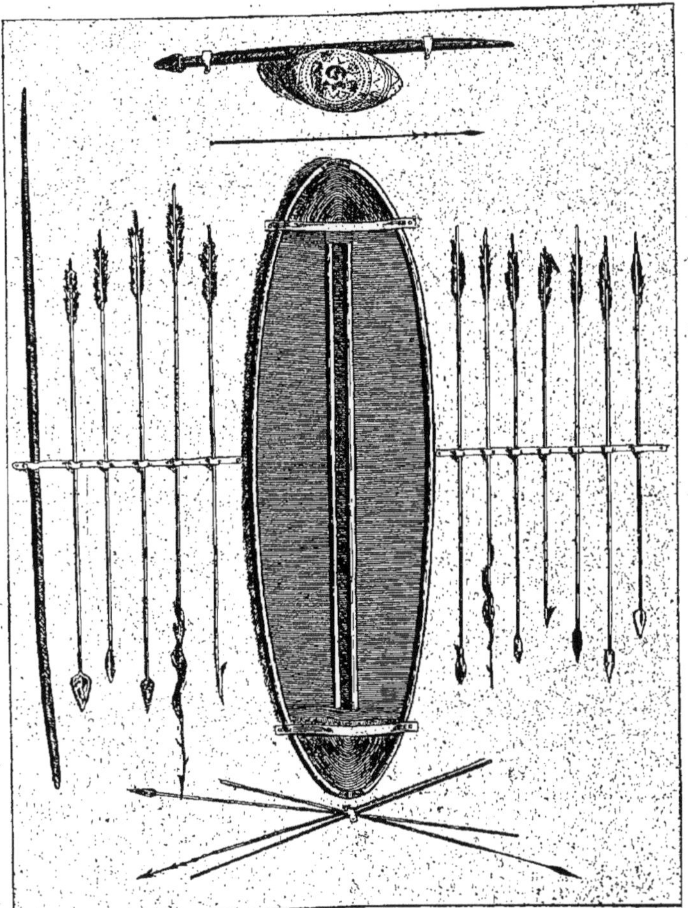

Flèches et bouclier.

CHAPITRE XVII

Le 10 janvier 1896, le P. Allaire s'embarqua à Bordeaux pour retourner dans sa chère Mission. Arrivé à Loango le 10 février, il écrivait : « Le voyage par mer a été splendide. Pas un seul jour de mauvais temps, et je n'ai pas été trop malade. Je me repose un peu, en m'occupant de former la caravane qui m'accompagnera jusqu'à Brazzaville. Je suis en bonne santé sous mon beau soleil d'Afrique. Dans deux mois je serai à Saint-Louis, où l'on m'attend avec impatience. »

Pourtant il ne se faisait pas illusion sur son état. Au moment des adieux à Poitiers, il avoua qu'il n'était pas rétabli, et que sans doute tout serait fini avant longtemps. Rentré à Liranga, il se remit au travail avec l'ardeur d'un jeune homme : « J'étais parti pour la France sans avoir eu le temps de couvrir les murs de notre chapelle. Je m'aperçus, à mon retour, que, sous l'action des pluies et de la chaleur, ces murs avaient travaillé et menaçaient ruine. Nous avons dû les reconstruire : ce qui nous a demandé deux mois de grandes occupations. »

Ses confrères cherchaient vainement à lui procurer quelques petits soulagements et à le modérer : « Il était obligé de recourir de temps en temps aux purgatifs, nous disait le P. Moreau. L'instant d'après, il allait à la forge. Comme j'étais chargé de préparer ses provisions de voyage, je résolus, un jour, d'y glisser une bouteille de vin généreux. Il refusa, en me déclarant qu'il la jetterait à l'eau. Il ne voulait pas d'une exception au régime commun. »

Ces voyages produisirent un surcroît de fatigues : « En juillet 1896, écrit le P. Gourdy, missionnaire à Saint-Louis des Rapides, nous avons reçu la visite de notre petit bateau le *Léon XIII*. Bien qu'ayant souvent navigué dans l'Oubanghi, il atteignait pour la première fois le rapide de Banghi. Le P. Allaire, bien qu'encore souffrant d'une forte fièvre qu'il avait eue à Saint-Louis, avait affronté les excès de fatigue qu'occasionne un pareil voyage, et à bord d'un bateau aussi étroit. Il avait mis seize jours, au lieu de dix ou onze. Le bateau, usé par ses nombreux voyages, n'est plus docile comme autrefois et fait désirer l'arrivée du nouveau *Léon XIII*, qui permettra enfin de ravitailler souvent et promptement les différentes stations. »

De son côté le P. Allaire écrivait à Poitiers en octobre 1896 : « Depuis mon retour de France, j'ai fait un long voyage de 600 lieues sur le *Léon XIII* dans l'Oubanghi. Rien d'extraordinaire. J'avais pris d'ailleurs toutes les précautions nécessaires.

« Mon état de santé est loin d'être satisfaisant. Il y a des jours où j'ai peine à me tenir sur mes jambes. Les belles années sont passées. Je commence à me faire vieux.

« Je suis pourtant résolu à faire deux autres voyages : le premier selon la promesse que j'ai faite à Mgr Augouard que vous verrez à Poitiers, pour chercher un emplacement de mission dans l'Alima. Je ferai ensuite une autre excursion dans les rivières pour racheter de petits esclaves et remplir les obligations que j'ai contractées durant mon séjour en France. »

Ces voyages étaient encore bien nécessaires pour approvisionner la résidence et les nombreux orphelins. En effet, il y eut à cette époque des troubles et des soulèvements dans la région comprise entre Loango et Brazzaville. Par suite, la route des caravanes se trouva fermée, et il fut impossible de ravitailler les postes du Congo et de l'Oubanghi.

« Je n'ai encore reçu que le tiers des objets qui sont partis avec moi, écrivait-il. Nous avons été deux mois entiers, n'ayant que du singe à manger. Heureusement que j'ai rapporté de France de très bons fusils. »

Voici le récit, qu'il adresse à ses parents, d'une de ses excursions dans l'intérieur des terres :

« Un jour, à une heure de l'après midi, après avoir terminé le catéchisme que je fais à nos chréticns mariés et à nos plus grands enfants, je désigne dix noirs avec les enfants qui m'accompagneront. Je pars dans deux heures, ajoutai-je ; allez vous préparer et que personne ne manque, quand j'arriverai sur le bord du fleuve. — A trois heures et demie, nous nous installons tant bien que mal dans notre pirogue, un tronc d'arbre creusé par la main des sauvages. Notre embarcation descend rapidement le fleuve, poussée par dix vigoureux rameurs. Je récite mon bréviaire, quand on m'interrompt tout à coup : Père, regarde. Des singes ! Tues-en un pour nous. — Me voilà à terre. Quatre enfants m'accompagnent : ils me serviront de limiers. Ici, à la chasse on ne parle pas, pour moins effrayer le gibier ; on siffle. Au bout d'un quart d'heure nous revenons avec trois singes, à la grande joie de tous. Hâtons-nous. Il faut rattraper le temps perdu en forçant sur les pagaies. Le soleil par ici se couche en un quart d'heure et toujours à 6 heures.

« A 5 heures 1/2, nous sommes arrivés à la première halte. C'est le village des Makoudgé, qui se trouve à 4 lieues au-dessous de notre Mission. J'y suis bien connu et je reçois force saluts. A mon arrivée, le chef, un petit vieux tout cassé, pas méchant du tout, mais mendiant au superlatif, vient me souhaiter la bienvenue. Puis je donne les trois singes aux hommes de ma pirogue, en me réservant une cuisse pour mon souper. Je fais installer mon lit de camp sous l'avant-toit d'une case. J'étais à peine arrivé depuis dix minutes, quand une députation d'indigènes demande à me parler. Toutes nos plantations de manioc, me disent-ils, sont dévastées chaque nuit par un très gros éléphant. Nous t'appellerons pour que tu le tues. — Non, répliquai-je, la nuit je ne tire pas sur les éléphants. — Mais nous aurons belle lune, et tu pourras bien le voir. — Oui, mais impossible de prendre mon guidon ; impossible d'être sûr de mon coup. Allez-vous-en. — A peine je reposais depuis une heure, quand on vient m'avertir que la terrible bête était arrivée à l'autre bout du village. J'attendis que la lune fût levée, et vers minuit j'étais debout, mon fusil sur l'épaule. En me rendant à l'endroit désigné, j'aperçois bientôt le colosse, une épouvantable bête. Elle avait bien trois mètres de haut. Je reste prudemment à 60 ou 70 mètres en arrière, épiant ses mouvements durant un quart d'heure. J'étais bien sûr de ne pas mettre le monstre par terre, car impossible de viser juste, même par le plus beau clair de lune, et il ne tombe que quand sa cervelle est atteinte. Du moins je pouvais lui envoyer une balle et l'empêcher de revenir faire des dégâts. C'était œuvre de charité pour ces pauvres gens. Je fais feu. Aussitôt un cri strident déchire l'air ; le sol tremble sous le poids de l'animal blessé qui brise tout sur son passage, et se retire dans la forêt, pendant que je regagne ma couchette.

Le lendemain matin, malgré le ciel sombre et menaçant, nous nous embarquons. A 8 heures nous étions déjà loin, quand une pluie torrentielle nous force à nous arrêter. Ici pas de parapluie. Où trouver un abri ? Chacun se ramasse en forme de boule, autant qu'il peut, pour laisser moins de surface à la pluie : ce qui n'empêche qu'après quelques minutes nous sommes à peu près dans le même état que si nous sortions du fleuve. Nous nous remettons en route, et voici qu'une heure plus tard la pluie recommence avec une violence extrême. Nous accostons encore, et je prends double dose de quinine contre la fièvre. Grand Dieu ! que c'est long, et que c'est peu réjouissant ! Enfin, tant bien que mal, à onze heures nous abordons à l'endroit où commence le sentier qui doit nous conduire où se trouve le chef de ce pays. Sans son agrément, il nous serait inutile d'essayer de pénétrer plus loin dans l'intérieur. Quatre grandes heures de marche à pied nous séparent de ce village.

« Mais, avant de commencer ce trajet, nous allumons un grand feu pour nous sécher un peu. Mes noirs achèvent de manger ce qui leur reste de viande de singe. Avec la chaleur la gaieté revient peu à peu. Nous étions à terre depuis vingt minutes, quand un de mes hommes, s'approchant, me souffle tout doucement à l'oreille : Attention, Père : nous ne sommes pas seuls ici, nous avons entendu du bruit. — C'est bon ! Donnez-moi les fusils ; restez tous ensemble et que Boïo seul cherche à savoir qui est là. — Boïo, un vrai sauvage, se faufile sans bruit entre les herbes, les lianes et les arbres, non sans s'être muni de son grand couteau, et le silence le plus complet règne autour de nous dans la forêt vierge. Dix minutes après, Boïo revient. Ce sont des gens de l'intérieur. Ils ont peur de nous. Cela va bien. Nous sommes pleinement rassurés.

« Nous étions au milieu de notre repas, quand tout à coup

voici qu'un pauvre diable, les deux mains fortement liées, fait irruption au milieu de nous. A peine l'ont-ils aperçu que tous mes gens se lèvent brusquement et s'éloignent à mesure qu'il veut s'approcher d'eux. — Quoi ! leur dis-je, vous avez peur ? Mais il a les deux mains liées. — Ne le touche pas, me répondent-ils ; regarde ses yeux : il est malade et en te touchant, il peut te donner son mal. — Bon, bon !... Et m'adressant au nouveau venu (il pouvait avoir une vingtaine d'années) : Que veux-tu, lui dis-je ? Pourquoi es-tu ainsi amarré ? — Coupe-moi cela, blanc, me répond-il en me montrant ses mains. — Ce malheureux est atteint de la maladie du sommeil, maladie très commune ici. On en meurt infailliblement, et ce qui est pire, c'est qu'elle se communique très facilement. Elle consiste à dormir des jours, des semaines et quelquefois un mois sans se réveiller. C'est une mort lente. Je prends mon couteau, et pendant que mes gens me redisent de bien prendre garde, je coupe les liens du malheureux. Il me dit qu'il a faim et qu'il y a longtemps qu'il n'a mangé. Je lui donne du manioc et du singe, j'encourage mes gens à lui faire la charité. Chacun alors de mettre un petit morceau sur une feuille et de le poser à terre devant le pauvre homme, mais sans vouloir le lui donner, de peur de le toucher. Après son départ, mes hommes se rapprochent, et me donnent la clef de cet incident. — C'est bien simple, me dit Boïo. Les gens que j'ai vus tout à l'heure, ne sont venus jusqu'au fleuve que pour noyer cet esclave. On fait de même dans mon village. Quand quelqu'un est reconnu atteint de la maladie du sommeil, on lui attache les deux mains pour l'empêcher de nager et on le jette à l'eau dans un endroit profond. Il n'est pas bon à être mangé, et si on le laissait vivre, il communiquerait aux autres sa maladie.

« Cependant nous faisons nos derniers préparatifs de

route. Nous amarrons bien notre pirogue, et nous la coulons au fond du fleuve pour qu'elle ne soit pas volée ; nos rames sont cachées dans la forêt, et nous emportons comme provisions deux ou trois kilog. de manioc, car nous ne sommes pas sûrs d'en trouver dans l'intérieur. Nous allions partir, quand les gens qui étaient venus pour noyer le malheureux malade se présentent à nous. Je leur adressai de vifs reproches sur leur conduite, avec des menaces. Ils me firent toutes sortes de protestations avant de se retirer.

« Enfin nous nous mettons en route, les uns à la suite des autres, dans un sentier de 15 à 20 centimètres de large, qui se trouve souvent coupé par des lianes, que l'on écarte avec les mains, ou par d'immenses troncs d'arbres que l'on escalade comme on peut, ou dont on fait le tour, quand le passage en ligne droite offre trop de difficulté. Bientôt il nous faut traverser des cours d'eau et des marais, auxquels succède une immense plaine. Heureusement les herbes ne sont pas trop hautes, mais il a tellement plu que nous rencontrons partout des flaques d'eau. Nous étions depuis une demi-heure dans cette plaine, quand l'homme qui marchait en tête se retourne vivement, en sifflant comme un serpent, et se jette à terre. Immédiatement tous de faire comme lui. Je m'approche : un bœuf sauvage ! me dit-il avec émotion. Il est là ; il est tout seul et ne m'a point vu. — Je fais mettre tout mon monde en arrière, en leur disant de se faufiler dans les herbes pour n'être point vus, et de ne pas faire de bruit. Je suis obéi, car tous comprennent le danger. Tous mes hommes étant à l'abri derrière un petit tertre, je prends mon fusil. — Boïo, à nous deux ; viens-tu ? — Oui, oui, répond mon sauvage en dégaînant son large couteau. — Boïo passe le premier, marche doucement, sans bruit... Après quelques minutes,

il s'arrête et me montre une superbe bête à 30 mètres
devant nous. C'est un bœuf tout noir. Il broute paisible-
ment, sans se douter de notre présence. Cela va bien ; mais
nous sommes mal placés. Nous gagnons une petite butte
qui nous mettra un peu à l'abri ; car si à la première
balle l'animal n'est pas blessé, il viendra droit sur nous,
et alors ce ne serait point gai. On ne saurait trop prendre de
précautions avec de semblables bêtes. Le cœur me battait
un peu fort ; j'épaule, attendant que la bête, qui broute
toujours, veuille bien nous montrer sa tête. C'est entre les
deux cornes que ma balle doit aller pour qu'il tombe.
Blessé au cœur, il peut faire deux ou trois cents mètres et
tuer plusieurs personnes avant de tomber lui-même.
Malheureusement l'animal ne lève pas la tête et continue à
brouter en s'avançant doucement vers nous. J'eus la pensée
de tousser ; mais autant vaut l'avertir par une balle, me dis-
je à moi-même ; et ce disant, je lui en loge une dans
l'épaule. Il fait un bond effrayant ; et de ses naseaux fré-
missants, il hume l'air violemment pour savoir d'où lui
vient le coup. Je suis resté immobile, et mon fusil n'a point
révélé ma présence. Soudain il m'aperçoit. L'œil plein de
sang, je le vois plier les jarrets pour prendre son élan et
fondre sur moi. J'ai belle cible. Je tire ma seconde balle
et il tombe foudroyé. Saint Joseph, merci ! Boïo se précipite, examine les blessures faites par les balles, et coupe
la queue. Tous mes hommes d'accourir et de chanter
victoire. Je leur dis de prendre pour leur repas du soir une
cuisse que deux hommes porteront au village. Demain
nous reviendrons fumer le reste pour les enfants restés à
la Mission. Je fais couper la gorge de la bête et, séance
tenante, je bois un bon verre de sang chaud. Il m'en faudrait beaucoup comme cela pour me rendre les forces
que j'avais il y a dix ans.

« Pendant qu'on enlevait la cuisse de derrière, j'entendis Boïo, qui regardait mon fusil, faire aux autres ses réflexions : Le blanc n'est pas un homme comme nous. Moi, je mangerais bien de l'homme : c'est bon et j'en ai mangé beaucoup ; mais boire du sang de bœuf comme de l'eau, j'en mourrais sûrement. Et les blancs en boivent, et ils ne mangent point d'homme ! — Il ajouta d'un air tristement convaincu, en frappant mon fusil : Ça, ça n'est point bon ; si jamais les blancs font la guerre dans mon village, nous n'en mangerons point. C'est eux qui nous mangeront..... »

Ces incidents racontés par notre missionnaire dans l'unique but d'intéresser ses parents nous permettent d'entrevoir les peines et les difficultés qu'il rencontrait à chaque pas dans ces excursions.

Sur ces entrefaites, le commandant Marchand passait par l'Oubanghi, se dirigeant vers le Nil. Il avait eu de bonnes relations à Paris avec le P. Allaire. Le commandant lui proposa de l'emmener comme aumônier de l'expédition. « Venez avec nous, mon Père, lui disait-il ; si nous succombons, nous aurons du moins un prêtre pour nous assister. » La proposition sourit au missionnaire, qui accepta, en réservant le consentement de ses supérieurs. Il était trop tard pour recevoir une réponse ; l'expédition ne pouvait attendre. Le missionnaire eut le regret de la voir s'éloigner sans pouvoir la suivre.

CHAPITRE XVIII

L'année suivante, dans une lettre adressée à sa famille au mois de mai 1897, le missionnaire est forcé de convenir qu'il s'affaiblit. « N'allez pas trop vous alarmer au sujet de ma santé. Elle est sans doute moins bonne qu'autrefois, et je sens qu'à force de n'avoir comme boisson ordinaire que de l'eau tiède et des racines de manioc en guise de pain, le sang s'appauvrit. Je constate en moi tous les effets d'une grande anémie ; mais je suis sur pied, et si je ne puis plus travailler avec la vigueur d'autrefois, de temps en temps je trace mon petit sillon, même à la forge où l'enclume ne connaît guère que mes coups de marteau... Je suis bien mieux que je n'ai été l'année dernière en juin et juillet. Malgré mon désir, je crois que je serai obligé d'attendre avant de m'en aller dans un autre monde. La mauvaise graine est vivace. »

Quelques mois encore et l'ouvrier du bon Dieu était appelé au repos et à la récompense. Il était emporté par une fièvre bilieuse accompagnée du tétanos, le 30 novembre 1897.

L'Eglise de Saint Louis.

Voici la lettre que le P. Falconnet, qui l'assista dans ses derniers moments, adressa le jour même à Mgr Augouard :

« MONSEIGNEUR,

« La communauté de Saint-Louis de l'Oubanghi a la douleur de vous informer qu'il a plu à Dieu de rappeler à lui son cher et vénéré Supérieur, le R. P. Allaire. Il s'est éteint doucement dans la paix du Seigneur, aujourd'hui 30 novembre, à 3 heures de l'après-midi, en la fête du grand apôtre saint André. Il a reçu tous les sacrements de la sainte Eglise en pleine connaissance et avec de vifs sentiments de piété.

« Je me contenterai de vous dire que celui que nous pleurons a fait une mort de saint, après avoir fait généreusement le sacrifice de sa vie pour la chère Mission de Saint-Louis et pour la Congrégation dans laquelle il était heureux de mourir. »

En communiquant à la famille cette triste nouvelle, Monseigneur ajoutait : « Cette mort a été un coup bien douloureux pour moi ; car je perds un intrépide ouvrier apostolique et un missionnaire de la première heure. Votre fils a noblement combattu sur cette brûlante terre d'Afrique et il a été frappé au champ d'honneur. »

Ainsi mourut en pleine jeunesse notre bon P. Allaire. Il n'avait que 36 ans et il avait à peine passé onze années sur la terre d'Afrique.

C'était un apôtre qui n'avait en vue que Dieu et les âmes des pauvres noirs qu'il aimait. Ses voyages si périlleux dans des contrées inexplorées, ses travaux si pénibles n'avaient point d'autre but que de les tirer de l'état lamentable où il les voyait et d'en faire des hommes et des chrétiens. Il tomba épuisé, avant le temps, au milieu de ses œuvres.

Le P. Allaire était doué des aptitudes les plus variées et de talents naturels qu'on trouve rarement réunis dans un même homme. On le voyait en même temps architecte, maçon, menuisier, serrurier, statuaire, horloger. Il ne craignait pas sa peine. Dans un pays où tout manque et où chacun doit se suffire à soi-même, il était ingénieux et savait se tirer d'affaire en utilisant ce qu'il avait sous la main. Observateur réfléchi, il avait le coup d'œil, beaucoup de perspicacité et de décision, avec un très grand sang-froid et un courage plein de hardiesse, qui semblait parfois aller jusqu'à la témérité, mais qui était d'ordinaire couronné de succès.

Sous un extérieur modeste et réservé, il cachait un grand cœur, toujours prêt à rendre service, avec la simplicité d'un homme qui s'ignore et qui accomplit son devoir.

Il avait toujours été dur à lui-même, jusqu'à l'excès. L'une de ses maximes favorites était que les privations et les sacrifices doivent être le pain quotidien du missionnaire.

Nature ouverte et communicative, il avait besoin de s'épancher. Après ces longues excursions où il avait vécu avec les noirs, avec quel bonheur il se retrouvait dans sa petite résidence de Saint-Louis, au milieu de ses confrères ! Comme il aimait à leur raconter ses joies et ses peines, ses déceptions et ses succès, ses espérances et ses projets ! C'était son meilleur délassement.

En 1895, lisons-nous dans les *Annales des Pères du Saint-Esprit*, M. Jules Simon avait mis avec une charmante bienveillance sa plume et sa bourse au service du P. Allaire. Notre missionnaire venait de succomber sur le théâtre de son zèle, quand Mme Jules Simon, ignorant cette mort, lui donna un témoignage de son bienveillant intérêt dans cette lettre qu'elle adressait à Mgr Augouard :

« J'espérais pouvoir aller trouver Mgr Le Roy et lui remettre moi-même pour le P. Allaire une petite somme, — trop petite, hélas ! — mais qui a une origine bien touchante. Elle a été recueillie sur un missionnaire assassiné avec la mission Crevaux, et elle se composait de guinées et de pièces d'or françaises toutes percées que le Père portait sous ses vêtements en collier. Lorsque nos troupes allèrent venger cet assassinat, on retrouva les restes informes du missionnaire et son collier. Celui à qui on l'avait remis m'a donné cette somme pour l'appliquer à l'œuvre que je voudrais. Il m'a paru que le meilleur emploi de ces reliques serait de les consacrer aux œuvres de sauvetage des enfants, auxquelles le bon P. Allaire se dévoue si complètement. Les pièces trouées ayant perdu de leur valeur, je n'ai pas eu de peine à les remplacer, afin d'avoir l'équivalent. Ma chère petite-fille Marguerite en porte une à son cou, en médaille, et s'il y en avait eu davantage, j'en aurais facilement trouvé le placement. »

TABLE DES MATIÈRES

TABLE DES GRAVURES

POITIERS. — SOCIÉTÉS FRANÇAISES, IMPRIMERIE ET LIBRAIRIE.